草根神话 系列丛书

生活的品味

赵德斌 / 编著

中国出版集团　现代出版社

图书在版编目(CIP)数据

生活的品味 / 赵德斌编著.—北京：现代出版社，2013.5(2021.8重印)
（草根神话）
ISBN 978-7-5143-1553-0

Ⅰ.①生… Ⅱ.①赵… Ⅲ.①成功心理—通俗读物
Ⅳ.①B848.4-49

中国版本图书馆CIP数据核字(2013)第079217号

编　　著	赵德斌
责任编辑	刘　刚
出版发行	现代出版社
通讯地址	北京市安定门外安华里504号
邮政编码	100011
电　　话	010-64267325 64245264(传真)
网　　址	www.xdcbs.com
电子邮箱	xiandai@cnpitc.com.cn
印　　刷	北京兴星伟业印刷有限公司
开　　本	700mm×1000mm 1/16
印　　张	12
版　　次	2013年5月第1版　2021年8月第3次印刷
书　　号	ISBN 978-7-5143-1553-0
定　　价	32.00元

前言

QIAN YAN

读小学时的一首诗至今仍然不时地回荡在记忆里，那就是白居易的《草》："离离原上草，一岁一枯荣。野火烧不尽，春风吹又生。"野草具有顽强的生命力，它是斩不尽锄不绝的，只要残存一点根须，来年就能重新发芽，很快蔓延原野。那草正是胜利的旗帜，烈火再猛，也无奈那深藏地底的根须，不管烈火怎样无情地焚烧，一旦春风化雨，又是遍地青青的野草，野草的生命力是多么的顽强！

野草因其平凡而具有顽强的生命力；野草是阳光、水和土壤共同创造的生命；野草看似散漫无羁，但却生生不息，绵绵不绝；野草永远不会长成参天大树，但野草却因植根于大地而获得永生。野草富有民众精神，它甚至于带着顽固的人性弱点。草根具有强大的凝聚力，更具有强大的生命力和独立性。草根代表着这样一群人：他们知道自己很优秀，眼界比别人宽，舞台比别人大，但是他们简单，低调，很热爱身边的每个人，不自大，很快乐地骄傲着。他们来自祖国各地，聪明程度毋庸置疑，但仅有聪明是不够的。尽管他们曾经踌躇满志，但前路是遥远而坎坷的。或者因洁身自好，或者因厌倦红尘，或者因能力不够，或者是命运的捉弄，最终并非每个人都会站在时代的巅峰，也并非每个人都愿意站在时代的巅峰。从他们身上，我们也看得出社会对我们的期许，这就足够了。

对大多数青年而言，上大学是成才和进步的最佳路径，但由于环境和个人因素的诸多制约，不少人的大学梦往往止步于虚幻的梦想阶段，他们对于拥有知识、成就自我的热望，也就此沉淀在琐屑的劳作里。高等教育在一定程度上制约了社会群体的流动，也可能让部分人丧失努力和奋斗的勇气。其实，草根才是主流，草根人物的辉煌人生才是真正的神话。草根人物对自己内心观察和发展前途的思考是什么？草根人物崛起之路的底蕴是什么？草根人物的发展方向和步骤是什么？本书从人生起伏视角发掘古今中外草根人物的困惑和崛起根源，探讨草根人物的创业思路和挣钱方法，求证草根人物成功的秘密所在。旨在通过草根人物的传奇人生，深刻地解读他们的成功细节，是一部真正意义上的草根人生百科全书。

本丛书以专业独特的视角，轻松幽默的笔触，为你还原一个个古今中外草根人物的别具一格的传奇人生，深度解读他们成功路上的呐喊、彷徨和成就，为你带来一种真正意义上的心灵震撼之旅。

尽管我们付出了诸多的辛苦，然而由于时间紧迫和编者的能力所限，书稿错讹之处在所难免，敬请各方面的专家学者和广大读者批评指正，我们将不胜感激！

编　者

2012年11月

目　录

开篇　草根的神话

> **草根的含义**
>
> "草根"直译自英文的grass roots。
> 有人认为它有两层含义：一是指同政府或决策者相对的势力，这层含义和意识形态联系紧密一些；二是指"草根阶层"，人们平常说到的一些民间组织，非政府组织等等一般都可以看作是"草根阶层"。

"草根"一词的来源

有学者把非政府组织（也称为非官方组织，即NGO）称作草根性人民组织；另一种含义是指同主流、精英文化或精英阶层相对应的弱势阶层。比如一些不太受到重视的民间、小市民的文化、习俗或活动等等。

从各种文章来看，实际应用中的"草根文化"的含义远比以上的解释来得丰富。至少"无权"还是草根的特征之一。

网络也应该是一种草根文化（grass-rooted culture），它所能表述的是一种非主流、非正统、非专业或曰爱好者，甚至纯然出自民间草泽的人所构成的群体，他们使之区别于正统的主流的声音，有其独立存在的理由和独特优势。

还有另一种解释为出自民众的人：草根英雄，草根明星。

"草根"的说法产生于19世纪美国寻金热流行期间，盛传有些山脉土壤表层、草根生长的地方就蕴藏黄金,即英文grass roots。

"草根"在网络和现实中的解释可以说很全面。每一篇都谈到了"草根"及其来源,英语、汉语的解释,也都承认最早是流行于美国,而后在20世纪80年代传入中国,又被赋予了更深的含义,在各领域都有其对应的词语。正如"Do News"(IT新媒体资讯平台)的创建者刘韧在其博客《草根的感激》中说的一样:"草根是相对的。"

有一种说法叫"合群之草,才有力量"。这句话有两种解释:

第一就是不要孤芳自赏,要主动合作。

第二是人多力量大,团队合作的重要性,一棵草是永远也长不成参天大树的。

"草根"人物及其性格特点

近年来文化研究,学人多有引用"草根"一说者。野草因其平凡而具有顽强的生命力;野草是阳光、水和土壤共同创造的生命;野草看似散漫无羁,但却生生不息、绵绵不绝;野草永远不会长成参天大树,但野草却因植根于大地而获得永生。

野草富有民众精神,它甚至带着顽固的人性弱点,草根性具有强大的凝聚力,更具有强大的生命力和独立性。

"草根"人物主要有以下两个特点:第一,顽强。应该是代表一种"野火烧不尽,春风吹又生"的生命力;第二,广泛。遍布每一个角落。所以,每一个在自己键盘上坚持更新的Blogger(写博客的人,亦称博主)都是草根。

草根代表着这样一群人

他们知道自己很优秀,眼界比别人宽,舞台比别人大。但是他们简单,低调,很热爱身边的每个人,不自大,很快乐地骄傲着。

在我们身边有这样一群人:他们知道自己很优秀,眼界比别人宽,舞台比别人大。但是他们简单,低调,很热爱身边的每个人,不自大,

很快乐地骄傲着。

人们都喜欢艺术家，那种提法怎么说呢，对人民艺术家来说，这个帽子足够大吧。

但是现在的娱乐界，尽管人人都喜欢被称为艺术家，但有些明星只能叫娱乐人，却不能叫艺术家。

身为尽人皆知的草根英雄，赵本山无疑是位值得尊敬的艺术家。20世纪80年代，赵本山与潘长江在沈阳北市大戏院演出《大观灯》，一演就是上百场，创造了演出奇迹。

如今已经成腕的赵本山在演出时还是一丝不苟。在很多人的眼里，赵本山跻身艺术家的理由显然充足，通过东北二人转这个东北三省人民的娱乐方式和精神母体发扬光大，同时将中国小品玩味到极致。

其实，英雄莫问出处，赵本山更值得人尊敬的在于当草根成了英雄后，自身仍保持着草根情结，在事业做得游刃有余之时，反手对东北二人转来记"化骨绵掌"，揭开拥有近300年历史的二人转的那块羞答答的红盖头。

从东北二人转到赵氏小品再到影视剧，赵本山用一记装疯卖乐、假痴不癫大法，将东北语言和民间元素表现得淋漓尽致。

放眼时下娱乐界，能做到像赵本山这般对人性和社会现象予以自嘲的同时，对娱乐界进行解构和推进的，有几人呢？毫无疑问，与假痴不癫相比，装疯卖乐更是一种人生大境界，没有几个人真正能够做到。

还有最受欢迎的草根歌手李宇春，她成功的一大标志是拥有着众多的"玉

米"和人气。当她登上美国《时代》周刊封面有人撰文说:"李宇春登上《时代》周刊封面,中国呼唤平民英雄。"

其实,2005年"超级女声"的火爆,和境内外媒体的煽风点火不无关联。国内的主要报刊在6月份迅速跟进"超女"选题,有相当大一部分都是受到《今日美国》和《巴尔的摩太阳报》两份报纸的影响。

毕竟,在某种意义上,中国的影像工业造星乏术。尽管有若干影星占据银幕,也有少数摇滚歌手可以炒热体育场,但鲜有电视荧屏上的面孔能够真正出位,而这也正解释了为什么一个名叫李宇春的21岁四川女生会成为中国最受欢迎的流行歌手。

李宇春在湖南卫视那档类似"美国偶像"的歌唱比赛中胜出,并赢得了她独一无二的称号:"蒙牛酸酸乳超级女声"——这个节目吸引到了中国电视史上最大的观众群。

实际上,李宇春现象早已超越了她的歌声。李宇春所拥有的是态度、创意和颠覆了中国传统审美的中性风格。但是,李宇春确实拥有更多含义:她代表了张扬的个性,这就是她成为全国偶像的原因。

换言之,李宇春的个性特质是:其中性化的特点,在这个泛娱乐时代恰到好处地迎合了中性时代的到来。而李宇春其人的成功之处也在于,拥有自身的机遇,加之自身确实拥有一定的实力和努力,从而赶上了一个疯狂的娱乐时代。

李宇春本人亦是借"超女"包装出来的,借"超女"疯出来的,借一帮娱乐粉丝抬出来的。

正如同传统媒体和经纪公

司捧出明星一样,网络媒体自被广泛认可以来,也不断地捧出一个个网络名人,网民是一个特殊的群体。70后的人群在2000年前后,是网络的主力军,他们中的很多人都很有才华,也颇具个性。因而,网络吹捧出了大量的网络写手。

比如,2010年5月腾讯微博入驻过一位刚大学毕业的大学生,他用自己的亲身经历写出被新媒体、各大纸媒誉为中国首部最为经典的微小说《eilikochen京都生活记》,也被称为微小说创始人,他就是陈鹏。

年轻的他成为北漂的代表,腾讯微博粉丝数万,开创了文学史上新的篇章。

《eilikochen京都生活记》是中国首部及时纪实性连载微小说,作者陈鹏先生从2010年5月开始在腾讯微博实时在线写作,随时接受网友的互动参与,陈鹏自己的故事或身边的见闻趣事随时有可能被作者写进微小说里,因此受到网友的热捧。

但人们追捧这部微小说,不仅仅因为它是国内外线上发表的第一部微小说,更因为这部小说道出了现代人心中对现实生活、对各类情感的困惑与迷惘。

《eilikochen京都生活记》已在腾讯微博独家网络在线发布,至今仍在连载已更新发表一百四十回。

草根族

在论坛和博客中,开展评论非常自由,工资低可以呼吁,房价上涨可以发发牢骚,出租车提价可以评论,特别是在论坛上彼此互动,你一言我一语甚至争得不可开交。大家觉得很爽快。

"草根族"的评论有许多并没有石沉大海。

2003年,新华社首次披露中央高层领导对网络的重视看来"草根族"的评论并非人微言轻,"香草根"的"舆论场"作用,日益受到中南海高层的重视和肯定。

> ### 草根族
> 时下"草根族"这个称呼很盛行,据说"草根族"这个称呼最早来源于法国资产阶级大革命时期,是对社会底层的百姓的一种称呼。
>
> 现在其所指也是社会最下层——平民老百姓的意思。互联网的论坛和博客为"草根族"搭建了一个自由言论的平台,他们可以畅所欲言的谈天下、谈社会、谈热点、谈对一些政策的看法。

然而"草根族"中也有"毒草根"。个别网民编造的谣言之所以具有强大的杀伤力,当然与网络的传播特性有关。通过转帖、邮件、即时聊天工具发送等方式,一个查无实据的谣言很快就能覆盖数量广泛的人群,进而在社会上造成严重的影响。

看来"草根族"中也有良莠之分,"草根族"在网络中应大力提倡自律,遵纪守法,自觉做促进社会主义文明的网民,共同创建健康的、积极向上的、文明的网络环境。

草根文化

"草根文化"是伴随着改革开放思想的解放、意识观念的革命、科技进步、市场经济发展、创新2.0的逐步展现引发的创新形态、社会形态变革及

其带来的社会大众道德观念、爱好趣味、价值审美等变化出现的文化多样化的发展趋势，在民间产生的大众平民文化现象。

后来"草根"一说引入社会学领域，"草根"就被赋予了"基层民众"的内涵。

社会学家、民俗学家艾君在"改革开放30周年解读"中认为，每一次思想的解放、社会变革和科教的进步，都会派生和衍生出一些特殊的文化现象。

它的出现体现出改革开放后文化的多样性特点，也可以从一定意义上反映出以阳春白雪占主流的雅文化的格局已经在承受着社会文化中的"副文化、亚文化"的冲击。

这种特殊的文化现象其实是社会民众的一种诉求表达，折射出社会民众的一种生活和消费需求，以及存在的心理需求。

它具有平民文化的特质，属于一种没有特定规律和标准可循的社会文化现象，是一种动态的、可变的文化现象。科学技术发展引发了创新形态、社会形态的变革，创新2.0也正在成为知识社会条件下的典型创新形态并影响社会的草根化进程。

Web2.0是创新2.0在互联网领域的典型体现，而Blog则无疑是Web2.0的典型代表。

作为管制而没有充分发展，博客提供给普通大众和媒体精英以及潜在媒体精英同样的发挥机会和展示的舞台。

既然媒体精英进入博客写作市场，那么在充分竞争之后，中国博客发展一定和美国的Blog反专业主义、反精英主义发展完全相反，所以中国的博客之后的发展，一定是继续精英化，而不是像在美国祖先一样草根化。

其实不用再多说什么了，那些指望通过BSP（博客服务托管商）的首页，给自己的blog带来流量的草根们，恐怕只好先把自己弄成精英再说了。

草根文化的定义

草根文化，属于一种在一定时期内由一些特殊的群体，在生活中形成的一种特殊的文化潮流现象，它实际是一种"副文化、亚文化"现象。

看看新浪推荐的优秀Blog，余华、张海迪、潘石屹、徐小平真是够精英的。如果幸运，说不定你可以在左下角"最新更新Blog"那里露一下脸。

不否认精英的影响力，实际上新浪正是在利用他们的这种影响力，来吸引草根们到它的网站上开blog，这会很有效果。

但互联网正在把影响力赋予那些以前不具有影响力的人，blog圈是条长长的尾巴，而每个blogger都是这个尾巴上的那么一点。这就是《纽约时报》所说的，"Every one is famous for 15 people"（每个人都可以在15个人中大名鼎鼎）。这15个人，可能包括你的恋人、朋友、同事，你对他们的影响力，可能远远超过那些精英们对他们的影响力。

比如，我告诉你应该看超女，你可能不会看，但你的女友告诉你应该看超女，你就真的看了。

回到前面说的媒体管制，实际上所有的管制都是一部分人对另一部分人的管制，一部分精英对另一部分精英话语权的剥夺。所以很多话只能在自己的Blog上说。

不过有的人不认为写Blog的人会是精英，只不过他的Blog的读者略多于其他Blog而已，但不会像《读者》那样拥有几百万读者。

从媒体的角度看Blog，它的读者总数正在快速增加。尽管每一个单独的Blog都很小众，但它们的读者再少，也一定会有最忠

The First Grass Roots Festival
草根文化艺术节

实的。

整个Blog圈的读者绝对是个可以跟任何媒体相抗衡的数字，这就是长尾的威力。管制几个精英很容易,但管制几百万Blogger很难。

中国的Blog圈不可能走向精英媒体的道路,因为再微弱的声音也有发出来的欲望和可能。门户网站用精英做招牌,目的还是吸引大量的草根。Blog让草根不再只是充当衬托精英的背景,至少在15个人中，每个Blogger都是一个主角。

"草根文化"的现实意义

健康向上的"草根文化"会形成对主流文化的重要补充,但愚昧落后的"草根文化"无可否认也会对传统意义上的主流文化带来辐射、腐蚀和冲击。

改革开放三十多年来,"草根文化"的风起云涌,从一定意义看,丰富了人们的文化生活,补充了人们的精神需求,体现了文艺的"百花齐放,百家争鸣",对主流文化进行了辅助和补充,使文艺体现出了真正的"雅俗共赏"之特点。但实际上对一些主流文化的普及和弘扬也是一种挑战。

任何的文化不能脱离了其社会价值和对社会发展所具有的责任,不能脱离了文艺的"二为"方向,"草根文化"因为其来自民间、来自生活,这些文化难免有的带有一定的糟粕和腐蚀性。

对待"草根文化"我们应该在"科学发展观"的指导下,剔除一些糟粕,尤其应该剔除那些对我国优秀的传统文化造成颠覆性的破坏较大的"草根文化",倡导和发展那些群众所喜闻乐见又对社会发展有进

博客的分类

按照博客主人的知名度、博客文章受欢迎的程度,可以将博客分为名人博客、一般博客、热门博客等;按照博客内容的来源、知识版权,还可以将博客分为原创博客、非商业用途的转载性质的博客以及二者兼而有之的博客。

步意义的"草根文化"。

总而言之,对待日趋泛滥的"草根文化"现象,我们应该以"三个代表"重要思想为指针,以"科学发展观"为指导,采取"批判吸收的鉴赏态度",认真领会认识"继承和发展的关系""扬和弃的关系""批判和吸收的关系",继承和发扬"草根文化"中那些有益的精神文化内容,批判和剔除那些对人的修养、道德建设以及对社会发展、人类进步有腐蚀作用的"劣质内容",让"草根文化"真正成为主流文化的重要补充,成为构建和谐社会、实现全民小康的一种社会动力和精神财富,成为一笔宝贵的文化遗产。

第一章　缔造麦当劳帝国神话

人物传奇

　　克罗克缔造了全球闻名遐迩的超大型企业,将金色的麦当劳旋风刮向全美国,刮向全世界,在全世界演绎着它的传奇。从1955年开始在不到50年的时间里,以经营汉堡包为主的美国麦当劳快餐店已经成了名副其实的"世界厨房"。某种程度上麦当劳是社会组织化的"典范",当它席卷全球时,"麦当劳化"现象成为一种无可阻挡的过程。

第一节　走近人物

个人简介

　　雷蒙德·克罗克(Kroc,Rae)1902年至1984年。美国企业家,麦克唐纳快餐公司的创建人。生于美国伊利诺伊州奥布洛。从事过钢琴演奏、电台音乐指导、食品机械推销员工作。去世时,用他的全部财产成立了麦当劳叔叔慈善基金。

成长记录

　　提起麦当劳,可是家喻户晓。那个金黄色的"M"字遍布在城市里的各个角落,已经成为一个醒目的标志。但是说到克罗克,知道的人可能就不多了。然而如果没有克罗克,麦当劳也许至今还是一家默默无闻的快餐公司,而不是麦当劳王国了。人们常说,麦当劳兄弟创造了麦当劳,而克罗克创造了世界名牌。任何一个世界品牌的路程都不是简单的,而克罗克打造麦当劳品牌的过程尤其艰辛。

第二节 麦当劳之父的创业冒险

从推销纸杯起步的精明人

1902年10月5日,雷蒙德·克罗克出生在美国芝加哥一个普通的家庭里。少年时的克罗克是个很平常的少年,但是与其他人不同之处在于,他经常胡思乱想,编织各种各样的梦想,冷不丁地冒出几个发财的小点子。

17岁,克罗克开始四处寻找工作,当时的他对读书没有兴趣,很早就辍学了。他在几个旅行乐队里弹过钢琴,又在芝加哥广播电台担任音乐节目的编导。从1929年起,在随后的25年中,克罗克一直从事推销工作,先在佛罗里达帮人推销过房地产,后到美国中西部卖过纸杯。作为推销员,他几经周折,屡尝失败的滋味。克罗克后来回忆道:"在佛罗里达推销房地产失败之后,我彻底破产,身无分文。那时,我没有大衣,没有风雨衣,甚至连一双手套都没有。我开车进入芝加哥穿过寒冷的街道回到家时,简直要冻僵了。"

但辛苦总是有回报的,因为销售纸杯业绩突出,他被提升为纽约百合纸杯公司西部分公司的部门经理。在含辛茹苦了15个年头之后,克罗克的事业有了一点成就,过上了小康生活。然而在这时,他认识了一个普林斯的机械师,普林斯发明了新式多功能奶昔机,一

次可同时灌装5杯奶昔,而旧式的只能灌一杯。克罗克对此产生了极大的兴趣,他决定辞去苦心经营的纸杯推销工作,专门推销这种奶昔机。为此,他的负债将会达到10万元,这在当时,不啻于一个疯子的作为,妻子也极力反对。

但是克罗克并不害怕,自己认定的事情是有市场潜力的,为什么不去做呢?一辈子做个纸杯推销员,庸庸碌碌,这是多么可怕!事物是前进的,如果停滞不动,那自己也将行将就木了。繁忙紧张的推销工作,他每天只睡4~6小时,他似乎又回到了原先创业的时候。但是凭借冒

> **我的真正生意是房地产**
>
> 雷的远期商业计划中,基本业务将是出售麦当劳的各个分店给各个合伙人,他一向很重视每个分店的地理位置,因为他知道房产和位置将是每个分店获得成功的最重要的因素,而同时,当雷实施他的计划时,那些买下分店的人也将付钱从麦当劳集团手中买下分店的地。

险和拼搏,他不仅还清了债务,还建立了自己的公司,成为富有的中产阶级。这时他已经52岁了,身患关节炎、糖尿病,还割去了胆囊,按说,已经该安享晚年了。但是他并不满足。

新的起步——麦当劳

那是1954年的一天,克罗克作为经销奶昔机的老板,发现圣伯丁诺市一家普通餐馆一下子就定购了8台奶昔机。以往可从没有人一次就要买这么多机器呀。出于生意上的需要,他认为必须弄清楚这是怎么回事,就特地赶到了圣伯丁诺。

这就是麦当劳兄弟开的餐厅,1937年,这对犹太人兄弟——麦克·麦当劳和迪克·麦当劳来到美国开了这个汽车餐厅。销售这种每只15美分的汉堡包,并对经营方式进行了重大改革,采用自助式用餐,使用纸餐具,提供快速的服务。这种独一无二的汉

堡包小餐厅经营方式大获成功。后来麦当劳兄弟开始建立了连锁店，并亲自设计了金色双拱门的招牌。到1954年，拥有10家连锁店的麦当劳汉堡包餐厅，全年营业额竟达20万美元。尽管如此，目光短浅的麦当劳兄弟并未意识到自己的发明具有极大的潜力。

克罗克座右铭

在世界上，毅力是无法替代的。
天赋无法替代它，有天赋却失败的人比比皆是；
教育无法替代它，受教育却失败的人到处都有；
才能无法替代它，有才能却失败的人随时可见；
只有毅力是无所不能，所向披靡的。

但是，麦当劳却以其特别的方式震撼了克罗克。当时正是中午，小小停车场里挤满了人，足有150人之多，在麦当劳餐厅前排起了长队。麦当劳的服务员快速作业，竟然可以在15秒之内交出客人所点的食品。这种作业方式，克罗克可从未见过。"我从未为买一个汉堡包而排队。"克罗克故意大声说，以期引起顾客的注意。"哦，"客人中立刻有人搭话说，"您也许不知道这里的食品价格低、品质好，餐厅干净，服务又周到。何况速度这么快，别看排队人多，一会儿就能买到。我可是这里的常客。先生，您不妨也试一试？"

听了顾客这番话，克罗克马上察觉到麦氏兄弟已经踏进了一座"金矿"。他立刻进店找到这两个犹太人，问他们生意这么好，为何不多开几家餐厅？当时，他心里盘算的还只是奶昔机，如果每家麦当劳餐厅都买他8台机器的话，他就会发财。但是，迪克·麦当劳却摇了摇头，指着附近的山坡说："你看到上面那栋房子了吗？那就是我们的家。我喜欢那块地方，要是连锁餐馆开得太多了，我们就忙得甭想回家了。"

麦氏兄弟身在"金矿"不识"金"

克罗克凭着多年的经验，意识到机会来了。

他看准了麦当劳,决心开办连锁餐馆。第二天,他就与麦氏兄弟进行协商。麦氏兄弟很快就答应给他在全国各地开连锁分店的经销权,但条件相当苛刻,规定克罗克只能抽取连锁店营业额的1.9%来作为服务费,而其中只有1.4%是属于克罗克的,0.5%则归麦当劳兄弟。一心想干一番大事业的克罗克,毫不犹豫地接受了这个条件。

1955年,克罗克在芝加哥东北部开设了第一家真正意义上的现代麦当劳特许经营店。虽然在此之前麦当劳兄弟也特许他人经营,但管理上都是极为混乱,严重影响了麦当劳的声誉。而该店体现了克罗克对快餐店的理解,那就是重视品质、服务、卫生和经济实惠。当时一位在场的人说:"餐馆这么干净,明亮,色彩缤纷。食品的烹调过程像是在做示范一样,向顾客公开展示。那些不锈钢装置闪闪发光,员工的制服整齐洁白。"克罗克对餐馆的卫生要求非常严格。店铺开张早期,他天天都要到餐馆去,见到地上有肮脏的东西就捡起来。

在一开始,克罗克就打算把该店作为未来加盟店的样板,所以他创建了一套极其严格的经营制度。以后建立特许经营系统时,克罗克也严格执行这一制度。这就是著名的以QSCV(Quality——汉堡包质优味美、营养全面;Service——服务快速敏捷、热情周到;Cleanness——店堂清洁卫生、环境宜人;Value——价格合理、优质方便)为核心的统一经营系统。所有以后要加盟的连锁店都要严格按照这个标准执行,否则就关掉。

当时的克罗克极为辛苦,像一个年轻人每天工作10个小时,正如他自己所说:"如果麦当劳失败,我就走投无路了,这是一场生死之战。"而这家连锁店一炮打响,创造了年收入15.8万元的好成绩。

到1960年,麦当劳公司5周年

总部与分店合作关系三大特点

1.麦当劳收取的首期特许费和年金都很低,减轻了分店的负担;2.总部始终坚持让利原则,把采购中得到的优惠直接转给各特许分店;3.麦当劳总部不通过向受许人出售设备及产品来牟取暴利(许多特许组织都通过强卖产品的方式获得主要利润,这就容易使总部与分店发生冲突)。

之际，其连锁店已发展到228家，销售总额突破3800万美元。麦当劳成功了，这可以说完全是克罗克的功劳！

取得成绩

1954年买下了麦克唐纳兄弟出售快餐的特许权；接着，又买下了麦克唐纳兄弟在美国的全部麦克唐纳快餐店。经过30多年的奋斗，麦克唐纳快餐公司在美国50个州和40多个国家和地区，开设了1万多个快餐联号，每天销售汉堡包近2亿个，每年销售额上百亿美元。1985年，克罗克被评选为美国历史上对美国社会影响最大的企业家。

在发展麦克唐纳快餐业中，克罗克为设置汉堡包的联号，足迹踏遍了美国许多地方，他依靠"Q.S.C."精神和"麦克唐纳叔叔"这两大竞争法宝，使麦克唐纳闻名于世。"Q.S.C."（Quality、Service、Cleanness）意即保证优良的质量、热情的服务和清洁的食品，成为克罗克根据消费者心理总结出来的经营方针；"麦克唐纳叔叔"是克罗克为儿童们设计的生动的、逗人欢乐的形象，易博取孩子们的欢心。而实施这两大竞争法宝的基础就是"把自

己摆在顾客的位置上"，这一内容构成了克罗克经营哲学的核心。

打造帝国

虽然克罗克取得了如此巨大的成功，但他还是很忧虑，因为他不是麦当劳真正的拥有者，他想成为真正的主人，把麦当劳发展成一个王国。

巧的是，麦氏兄弟并没有这样的雄心壮志，他们说："我们有那么多的卡迪莱克，有那么多的房子，再有钱，有什么用？"于是，他们提出了270万美元的天价，克罗克简直气疯了，但是人在屋檐下，又能怎样？他只好向银行贷款，签下这个不平等契约。

1961年，签完契约的克罗克终于成为麦当劳的老板，他可以大展拳脚了。他更加严格地执行QSCV理念。在质量上，凡是炸薯条超过7分钟，汉堡超过10分钟未售出，一律扔掉。为了保持地方清洁，克罗克规定他的员工必须做到：男人每天要刮胡子，修指甲，不留长发。妇女不准涂指甲油，不可化妆过度，头上要戴发网。顾客一走，服务人员便要清理桌面，凡是丢落在地面的纸片，马上要捡起来。餐馆内还不许出售香烟和报纸。在这一系列规定的保证下，麦当劳餐厅的店面总是保持窗明、地洁、桌面净。由此，麦当劳闻名全美国。

克罗克的经营之术，给公司带来极大的效益。公司的形象也因经营有方树立起来。随之而来的，就是源源不断的财富。

注重广告宣传，也是克罗克大获成功的一个因素。麦当劳每年花在广告宣传上的费用高达几个亿。1981年,公司的广告费为3.2亿美元,占全年营业额的4.5%。1963年,公司还创造了"麦当劳叔叔"这个令人难以忘怀的形象来做广告。"麦当劳叔叔"头上顶着一只装有汉堡包、麦乳精和土豆条的托盘,鼻子上装有一对麦当劳杯子,脚上的鞋子像两块大面包,其形象相当商业化。这个小丑般的形象,给顾客留下可亲可爱的感觉,特别受到孩子们的欢迎。"麦当劳叔叔"成了全美电视广告上为麦当劳做宣传的代言人。

任何一个企业成功之后,都不免将它的事业从国内转到国外,麦当劳也不例外。1970年麦当劳决定向海外市场进军时,几乎无先例可循。因为那时美国服务业到海外投资的先例并不多,范围也仅局限于美洲。麦当劳欲开发其事业的国家都没有快餐厅。这些国家的中产阶级,觉得到外面去吃饭是件大事,需要的是华丽、整洁的衣冠,白桌布,以及一道道的大菜。因此,麦当劳准备输出的不仅是汉堡包一类的食品,而且是一种饮食文化,其难度可想而知。

> **成功秘诀:麦当劳营销策略**
> 麦当劳叔叔;以情感人;连锁经营;知人善任。麦当劳作风:顾客第一;高效、快速;苛刻的管理。

麦当劳最初尝试在加勒比地区以及加拿大、荷兰等国发展连锁店时,曾遭到失败,但后来在日本取得了巨大的成功。

日本麦当劳总裁藤田针对日本的国情采取了独特的办法。在日本的麦当劳公司从老板到员工,必须百分之百的日本化,使麦当劳的食品从外表看不出是进口的美国货。如果坚持这是美国货,顾客会因为不喜欢美国而不买此食品。1971年,克罗克同意了藤田的方案,与他签订了合作协议,美日双方各出资一半。藤田以富有戏剧性的行销手段,展开宣传攻势,使麦当劳在一夜之间便名扬全日本。

克罗克在总结了日本的成功经验后,便以一个与日本相同的模式在全球开发市场:找一个合伙人,给予他相当股份和自主权,让他自由发挥。

就这样，一座座麦当劳餐厅如雨后春笋般在世界各国安家落户了。如今麦当劳已经和万宝路、可口可乐成为了美国众人皆知的三大名牌。麦当劳是美国文化不可缺少的一个部分。

而克罗克依然带着有病之躯，奋斗不止，1984年1月14日，这位84岁的高龄老人依然不知疲倦，在加州圣迭戈巡视，他手拿望远镜仔细观察麦当劳的经营情况，还发现了几个缺点，当他准备写出来的时候，笔滑落了，他倒了下去，再也没能够站起来，克罗克为麦当劳工作到生命的最后一刻。

第三节　麦当劳品牌

品牌简介

麦当劳餐厅（McDonald's Corporation）是大型的连锁快餐集团，在世界上大约拥有三万间分店，主要售卖汉堡包、薯条、炸鸡、汽水、沙拉等。麦当劳餐厅遍布在全世界六大洲百余个国家。在很多国家麦当劳代表着一种美国式的生活方式。在中国内地地区的早期的译名是"麦克唐纳快餐"。大多数麦当劳快餐厅都提供柜台式和得来速式（drive-through的英译，即指不下车便可以购买餐点的一种快餐服务。顾客可以驾车在门口点菜，然后绕过餐厅，在出口处取餐）两种服务方式，同时提供室内就餐，有时也提供室外座位。得来速餐厅通常拥有几个独立的站点：停车点、结账点和取货点，而一般而言后两个站点会并在一起。目前，麦当劳在全球快餐连锁领域是冠军。迄今为止，麦当劳在中国共拥有1000余家餐厅，2013年餐厅数量预计达到2000家。

> **麦当劳大叔**
>
> 他是友谊、风趣、祥和的象征,他总是传统马戏小丑打扮,黄色连衫裤,红白条的衬衣和短裤,大红鞋,黄手套,一头红发。他在美国4－9岁儿童心中,是仅次于圣诞老人的第二个最熟悉的人物,他象征着麦当劳永远是大家的朋友。

麦当劳的企业文化

　　它是一种家庭式的快乐文化。有人评论麦当劳在中国上演新文化帝国主义,强调其快乐文化的影响,甚至说有麦当劳的国家不会进入战争。麦当劳的同事之间不论管理级别彼此称呼对方名字,大家在一起感觉很轻松,像一家人。员工在工作上犯错误没关系,只要你不是严重违反公司的有关政策和规定,麦当劳不会开除你。人在于用,每个人都有长处,麦当劳一直提倡对人应表扬于众,提倡分享经验而不是高压。麦当劳不是靠人员流动而主要靠培训来解决员工的发展和提高问题,麦当劳企业文化公司每年仅培训费用就达1000多万元。员工进入麦当劳,家人都说他们变了,做事更有条理更随和了。

独特的经营理念

　　麦当劳的黄金准则是"顾客至上,顾客永远第一"。麦当劳能成为世界上最成功的快餐连锁店,就在于有一套独特的经营理念,正是凭着这套经营理念,使麦当劳走向一个又一个辉煌。简单说,麦当劳的经营理念可以用四个字母来代表,即Q、S、C、V。具体说,Q代表质量(quality)、S代表服务(service)、C代表清洁(cleanliness)、V代表价值(value)。这一理念是由麦当劳的创始人雷·克洛克在创业之初就提出来的。几十年来,麦当劳始终

致力于贯彻这一理念,说服一个又一个的消费者来品尝他的汉堡。

Q(质量):为保证食品的独特风味和新鲜感,麦当劳制定了一系列近乎苛刻的指标。所有原材料在进店之前都要接受多项质量检查,其中牛肉饼需要接受的检查指标达到40多个;奶浆的接货温度不超过4℃;奶酪的库房保质期为40天,上架时间为2小时,水发洋葱为4小时,超过这些指标就要废弃;产品和时间牌一起放到保温柜中,炸薯条超过7分钟、汉堡超过10分钟就要扔掉。

S(服务):麦当劳提倡快捷、友善和周到的服务。麦当劳餐厅的侍应生谦恭有礼,餐厅的设备先进便捷,顾客等候的时间很短,外卖还备有各类消毒的食品包装,干净方便。餐厅布置典雅,适当摆放一些名画奇花,播放轻松的乐曲,顾客在用餐之余还能得到优美的视听享受。有些餐厅为方便儿童,专门配备了小孩桌椅,设立了"麦当劳叔叔儿童天地",甚至考虑到了为小孩换尿布问题。麦当劳餐厅备有职员名片,后面印有Q、S、C三项评分表,每项分为好、一般和差三类,顾客可以给其打分,餐厅定期对职员的表现给予评判。

C(清洁):走进麦当劳餐厅,你会感觉到那里的环境清新幽雅、干净整洁。麦当劳制定了严格的卫生标准,如员工上岗前必须用特制的杀菌洗手液搓洗20秒,然后冲净、烘干。麦

> **金色拱门含义**
> 麦当劳的企业标志是弧形的"M"字母,以黄色为标准色,稍暗的红色为辅助色,黄色让人联想到价格的便宜,而且无论什么样的天气里,黄色的视觉性都很强。"M"字母的弧形造型非常柔和,和店铺大门的形象搭配起来,令人产生走进店里的强烈愿望。

当劳不仅重视餐厅和厨房的卫生,还注意餐厅周围和附属设施的整洁,连厕所都规定了卫生标准。麦当劳老板认为,如果一个顾客在用餐之后,走进的是一个肮脏不堪的洗手间,很难想象他下次还会再光顾这家餐厅。

V(价值):所谓价值,就是说要价格合理,物有所值。麦当劳的食品讲求味道、颜色、营养,价格与所提供的服务一致,让顾客吃了之后感到真

正是物有所值。同时，麦当劳还尽力为顾客提供一个宜人的环境，让顾客进餐之余得到精神文化的享受，这是无形的价值。

独特的晋升制度

麦当劳的晋升制度特点是人们没有预先培养自己的接替者，那么他们在公司里的升迁将不被考虑。如果事先未培养出自己的接班人，那么无论谁都不能提级晋升。这就犹如齿轮的转动，每个人都得保证培养他的继承人并为之尽力；因为这关系到他的声誉和前途。以法国麦当劳公司为例，实行一种快速晋升的制度：一个刚参加工作的出色的年轻人，可以在18个月内当上餐馆经理。晋升对每个人是公平合理的，既不作特殊规定，也不设典型的职业模式。每个人主宰自己的命运，适应快、能力强的人能迅速掌握各个阶段的技术，从而更快地得到晋升。

第二章　咖啡大王霍华德·舒尔茨

人物传奇

在西雅图，世界首富比尔·盖茨的父亲总喜欢谈论一名来自他故乡，并取得非凡成就的年轻人，他就是开拓星巴克咖啡帝国的霍华德·舒尔茨。老盖茨退休前是镇上最大的一家律师事务所的合伙人，公司碰巧也是舒尔茨的法律事务代表，当时的舒尔茨还只是一位充满事业心的年轻人，一心想发展咖啡业。"作为一名职业律师，如果看到一个舒尔茨这样的人，带来诸如星巴克事业计划的时候，他的眼睛肯定会为之一亮，"老盖茨回忆道，"舒尔茨有着罕见的才干，他做事坚忍不拔，为人正派。他是一个传奇。"

第一节　人物解读

个人简介

霍华德·舒尔茨（Howard　Schultz），美国商人、企业家，星巴克的董事长、首席战略总监。1952年出生在纽约的布鲁克林区。美国北密歇根大学毕业。1975年进入施乐公司工作。1982年，成为星巴克的市场部和零售部经理。1986年，离开星巴克开设了自己的第一家咖啡店。1987年舒尔茨召集一批投资者买下星巴克公司。1992年，星巴克在美国上市。星巴克咖啡1999年进入中国，积极致力于将中国做成在美国之外最大的国际市场。2006年，舒尔茨于跻身《福布斯》400富豪榜，身家在10亿美元以上。

第二节 把咖啡磨成了金子

早年时期

霍华德·舒尔茨小时候住在纽约市布鲁克林的房租低廉的住宅区,他的父母都是劳工阶级,每天都必须操劳。舒尔茨7岁那年的一天,他的父亲在工作时跌断了脚踝。此后的一段时间,父亲的脚上一直裹着石膏,歪在沙发上,不能出去工作。舒尔茨一家顿时被抛入了社会底层。在艰难的环境中,舒尔茨慢慢地成长着。他不知道自己将来能做什么。

有一天霍华德·舒尔茨夜里躺在床上思量:要是我有个水晶球能窥见未来,我会怎么样呢?不过他迅即抛开了这个念头。霍华德·舒尔茨明白自己的人生仍然漫无目标,只知道必须设法离开这里,离开布鲁克林。

是美式足球让舒尔茨有机会走出布鲁克林。后来舒尔茨被北密西根大学的野猫球队录用了,并且获得了奖学金,由此也成为家里第一位上大学的人。虽然北密西根大学的冬天异常的寒冷,至少舒尔茨的未来充满了希望。

蒸馏机里的刻度线

星巴克每天要售出数百万杯拿铁和卡布奇诺,消耗大量的牛奶。为了保证咖啡的品质,舒尔茨禁止门店使用前一天剩下的奶泡,星巴克每天都得把价值数百万美元的牛奶倒入下水道。因此发明了在蒸馏机里打上刻度,来掌握奶泡的用量。

然而当他知道自己的足球生涯并没有什么奔头后,舒尔茨就把全部精力放在了学习上。1975年他获得商学学士学位后,霍华德·舒尔茨发现自己善于推销,便进入施乐的纽约分公司

谋得一份销售员的工作，他在6个月的时间里每天打50多个推销电话，在曼哈顿城从第42街跑到第48街，从东河跑到第50大道，登上每幢写字楼，敲开每间办公室的门。他努力去竞争和比拼，对于当时还要偿还学校债务的学生而言，算是一份美差了。可不久，他又跳槽到一家瑞典人开办的家庭用品公司工作。他表现出色，28岁就晋升为副总裁，薪金优厚。霍华德·舒尔茨买了套住宅，又娶了个如花似玉的妻子，生活舒适愉快。

在舒尔茨28岁这年，他在曼哈顿买了一处公寓，彻底告别了廉租屋。他和妻子经常去剧院看演出，邀请朋友到家里举行派对。大多数人都会对这样的生活感到满足，但舒尔茨对自己说："够了并不是足够。"

一般人有了如此成就，也许会志得意满，霍华德·舒尔茨却还想更上一层楼，决意要主宰自己的命运。就在这时候（20世纪80年代初期），一个奇特现象引起了他的注意。西雅图有家从事零售业的小公司向公司大量订购虹吸式咖啡壶。这公司名叫"明星咖啡连锁公司"，只有四家小店，向公司买这种产品的数量却超过百货业巨掌梅西公司。当时美国各地普遍使用电气咖啡壶。

"我在上帝的国度"

舒尔茨童年时代从没做过"老板梦"。那时，咖啡在生活中无足轻重，家里喝的是速溶咖啡，只有来客人时，母亲才会买来罐装咖啡，拿出老旧的咖啡壶。

舒尔茨是个有心人。经过调查，他发现，那个小零售商是一家名叫"星巴克"的咖啡豆、茶叶和香料专卖店。

　　舒尔茨决定去考察一下。在一个晴朗的春日早晨,他飞到了西雅图。明星咖啡连锁公司的总店朴实无华,却别具风格。推开门的瞬间,一股浓郁醉人的咖啡香气便扑鼻而来。他走进小屋后,发现自己"掉"进了咖啡的殿堂。柜台后面摆放着一罐罐来自世界各地的咖啡豆;靠着墙的货架上摆满各种咖啡用具,包括霍华德·舒尔茨想着的滴滤式咖啡壶。

> **星巴克迷**
>
> 　　曾经有人在星巴克门口跪下感谢这个城市有星巴克。但是舒尔茨演讲时碰到一个男孩子说"他每到一个国家、一个城市都会光顾当地的星巴克,并盖上该店的印章"。并拿出一本贴满了星巴克分店印章的册子。这让舒尔茨非常震惊。

　　一名店员微笑着对舒尔茨说:"有一部分享受其实来自仪式。"为了证明他们销售的咖啡豆足够优质,店员舀出一些苏门答腊咖啡豆,研成粉末,通过滤网冲进热水……几分钟后,一大杯热腾腾的咖啡就在眼前了。舒尔茨惊呆了,这简直就是艺术表演! 咖啡还有这种喝法! 他微微啜了一小口。"哇——!"舒尔茨很享受地睁大了眼睛。"这是我品味过的最浓烈的咖啡。"星巴克的人都笑了,"是不是太浓了?"舒尔茨也咧着嘴笑了。他像发现了新大陆,开始"盘问"为他冲咖啡的人,一个问题接着一个问题:关于星巴克公司的一切,关于世界各地的咖啡,关于不同的咖啡制作工艺……

　　在楼上一间阴暗的屋子里,舒尔茨见到了星巴克的老板——杰瑞·鲍德温和戈登·派克。当晚霍华德·舒尔茨跟明星咖啡连锁公司的股东杰里·巴登一起吃饭。他以前从未见过有谁像他谈咖啡那样谈论某种产品。巴登不只是努力推销而已:他和合伙人戈登·派克都相信,他们所卖的都是顾客会喜爱的东西。这样的经商态度令他耳目一新,也为之心折。

　　1971年,星巴克在这两个好友手里开张了。他们不卖煮好的咖啡,而只出售咖啡豆。有时候,他们把样品煮成的咖啡盛在瓷杯里让人品尝,以便使顾客在店里停留的时间更长……舒尔茨被这两个小老板的故事迷住

了。他马上给妻子打电话："我在上帝的国度!"在舒尔茨看来,星巴克是有魔力的,他应该成为这种魔力的一部分。

初涉咖啡

霍华德·舒尔茨想说服巴登雇用他——老实说,此举似乎并不明智。他如果去明星咖啡连锁公司上班,就必须辞去现在的职位,而他妻子必须放弃现在的工作。他的亲友,尤其是母亲,都认为霍华德·舒尔茨的想法没有道理。

霍华德·舒尔茨考虑的是失去保障,不禁想起7岁那年父亲由于工作时摔断踝骨,在家里困了一个多月的往事。不上班就没有工资,霍华德·舒尔茨一家人的生活顿时陷入困境,他一腿裹着石膏颓然坐在长沙发上的情景,深深印在他记忆中。但是,对他来说,明星咖啡连锁公司有不可言喻的吸引力。

其后霍华德·舒尔茨在一年之内又找借口去了西雅图几趟,到1982年春天,巴登和博格邀霍华德·舒尔茨去会晤公司董事长史蒂夫·坦南瓦尔德。会晤时气氛极好。霍华德·舒尔茨告诉

> ### 舒尔茨财富
>
> 时至今日,舒尔茨加入星巴克已经有了20多个年头,同时也铸造了自己的光辉形象。现在舒尔茨是一位十分富有的人,个人控制着1 800万股份,市值达6亿美元。同时,还是eBay的早期投资商,也拥有该公司价值数千万美元的股票。据估计,舒尔茨的个人净资产超过10亿美元。

他们,他曾经用明星咖啡连锁公司的咖啡招待纽约的朋友,尝过的人都赞不绝口。霍华德·舒尔茨又指出,公司其实可以大展宏图,发展成为全国大企业。三位股东似乎欣赏霍华德·舒尔茨的见解。第二天他回到纽约,急切等候巴登的电话。可是巴登说:"你的计划好极了,只可惜不符合我们经营明星咖啡连锁公司的方针。"

第二天霍华德·舒尔茨又打电话过去。"巴登,这不是为我自己想,而是为你们公司……"巴登耐心倾听,然后沉默了一阵。"让我再想一晚,""明天给你回音。"次日早晨,电话铃一响舒尔茨就拿起听筒。"我们决定雇

用你，"巴登说，"什么时候来上班？"1982年，舒尔茨毅然辞去年薪7.5万美元的职位，加入到星巴克，担任咖啡店的零售业务和营销总监。舒尔茨开始向西雅图的餐馆和咖啡店销售咖啡豆。

许多人一遇到障碍就打退堂鼓。但是霍华德·舒尔茨不会这样，霍华德·舒尔茨一旦有了目标，就必然锲而不舍，全力以赴。霍华德·舒尔茨如此坚毅，一方面是凭着满腔热诚，另一方面是畏惧失败。他常常想起父亲坎坷的一生。他为人诚恳、工作勤奋、爱护儿女，却一直不能掌握自己的人生方向，抱憾终生。

来自意大利的灵感

进明星咖啡连锁公司一年之后，由于另一件事，霍华德·舒尔茨的人生又有了大转变。1983年春天，霍华德·舒尔茨去意大利米兰参观国际家庭用品展览，第一天早晨便注意到会场里有个小小的蒸馏咖啡吧。他推门进去，咖啡师愉快地同他打招呼，柜台后面有个高高瘦瘦的男人在笑吟吟地招呼顾客。"蒸馏咖啡？"他问，然后递给霍华德·舒尔茨一杯。他啜饮三口就喝光了，不过咖啡的香浓温暖他却至今难忘。那天霍华德·舒尔茨见识了意大利咖啡吧的浪漫格调和营业作风。

再走过半个街区，舒尔茨又看见了一家咖啡店。他看到，柜台后面头发灰白的老者和每一个顾客打招呼时，彼此都能叫出对方的名字。他们一起笑着聊天，一起享受好时光。继续往前走，是一个露天广场。舒尔茨刚一置身其中，就被不可思议的浪漫情怀和社区氛围包围了。一个接一个的咖啡店，被生气勃勃的音乐笼罩着，人们像老朋友一样互致问候；咖啡师则以非凡的天赋，"完美"地表演着……

刹那间，舒尔茨心头涌出了一个"革命性"的念头：星巴克错失的正是

品牌传播

星巴克的品牌传播并不是简单的模仿传统意义上的铺天盖地的广告和巨额促销，而是独辟蹊径，采用了一种卓尔不群的传播策略——口碑营销，以消费者口头传播的方式来推动星巴克目标顾客群的成长。

这一点——他们向顾客出售的只是优质咖啡豆，却不出售可让人品尝的咖啡，更没有富有人情味的咖啡文化。或许，他可以为美国人的生活增添一种伟大体验。他于是开始动脑筋。其实，我们公司和咖啡爱好者的关系不必局限在他们家里。我们何不开设咖啡吧，卖咖啡，让他们不必自行研磨冲泡也能喝到我们的咖啡？

回到西雅图后，霍华德·舒尔茨向老板提出此计划，他们却不以为然，强调明星咖啡连锁公司是零售业者，不是餐厅或酒吧。他们还指出公司很赚钱，何必冒风险另辟蹊径？霍华德·舒尔茨对公司当然应该忠心，可是他对咖啡吧计划也充满信心，认为值得一试，因此左右为难。

"伟大的实验"

此时的星巴克，仍然只是"窝"在西雅图的咖啡豆商铺。说服老板为顾客供应咖啡饮品，同样花了舒尔茨一年功夫。1984年4月，星巴克的第六家店开张了。这成为星巴克第一个既供应咖啡豆，也提供饮品的店铺。

然而，舒尔茨的"伟大实验"被挤进了一个狭窄的角落，几乎没有地方摆放桌椅和货品。店面开张的那天早上，天气阴冷得有些反常，空中还飘着毛毛细雨。舒尔茨提前一小时赶到，紧张不安地透过落地玻璃窗向外张望。

7点整，舒尔茨激动地打开了店门。上班的人们好奇地踱了进来。许多人点了意大利文饮品

咖啡文化

"咖啡"一词源自希腊语"Kaweh"，意思是"力量与热情"。咖啡树是属山椒科的常绿灌木，咖啡豆是指咖啡树果实内之果仁，用适当的烘焙方法烘焙而成。在世界各地，人们越来越爱喝咖啡。随之而来的"咖啡文化"充满生活的每个时刻。无论在家里、还是在办公室、或是各种社交场合，人们都在品着咖啡：它逐渐与时尚、现代生活联系在一起。

单上的浓咖啡。咖啡师快活、麻利地调制新饮品，笑逐颜开地向顾客们作着解释。拿铁、卡布奇诺……这些品牌的咖啡，都是在这天早晨才被介绍到美国。

舒尔茨细心地观察着顾客们喝第一口咖啡时的反应。许多人把眼睛睁得大大的。这是对不熟悉的、如此浓烈口味的初次反应。只见他们犹豫了一下，再喝一口，随后开始享受温暖的香美。舒尔茨高兴地发现，柜台那边的咖啡豆根本无人问津了。看着眼前的景象，舒尔茨知道，星巴克的历史就要发生巨变，不可能回去了。

自立门户　鲑鱼吞下鲸

新业务的成功，并没有使星巴克的老板支持舒尔茨。舒尔茨郁闷了好几个月，最终决定离开星巴克，另立门户。他为新公司起名为"天天"。舒尔茨的理想之船起航了。他盘算着先开一家店，这需要他至少募集到40万美元的创业基金；走出这一步后，他打算再用125万美元，开8家咖啡店。之后霍华德·舒尔茨决定实行自己的计划。在妻子的支持下，他于1985年冬天离开明星咖啡连锁公司，创办了"伊尔·乔尔纳莱公司"。

1986年4月8日是店开张的日子。舒尔茨早早来到店里，紧张地左顾右盼。早上6点半，第一位顾客已经等在门外。她走进来，径直买了一杯咖啡。随后，顾客越来越多，大家亲切地打招呼、聊天。这种气氛正是舒尔茨最想要的。

但是，舒尔茨很快就遇到了麻烦——创业基金即将用完。此外，他曾以为，只要6个月就可以吸纳到实施他第二步计划所需的全部资金。但实际上，这个过程用了2年。其间，他向242个人借过钱，但217个人跟他说"不"。舒尔茨后来回忆说，在那段日子里，他就像一条夹着尾巴的狗。

三大知名咖啡

蓝山咖啡（Blue Mountain Coffee）：蓝山咖啡拥有香醇、苦中略带甘甜、柔润顺口的特性，是为咖啡之极品；琥爵咖啡（Cubita Coffee）：Cubita坚持完美咖啡的原则，只做单品咖啡，咖啡豆的采摘，以手工完成的，加上水洗式处理咖啡豆，以确保咖啡的质量；猫屎咖啡（Kopi Luwak）咖啡豆经麝香猫粪便排出，味道独特，口感不同，但习惯这种味道的人会终生难忘。

1986年8月，舒尔茨终于弹尽粮绝了。他决定去拜访西雅图三位最有名的企业领袖。会见在西雅图最高的商务大厦顶层举行。舒尔茨绕着街区走了3圈，来安抚自己狂乱的心跳。最后，他的展示和游说大获成功——企业家们决定"砸"下75万美元。今天，这些最初的投资者们，已获得了100倍的回报。

不到半年，在西雅图开的小店每天都有一千多位顾客光临。第一家开张6个月后，霍华德·舒尔茨开了第二家，然后在温哥华开了第三家。

1987年3月，舒尔茨获悉了一个消息：他原来的老板准备卖掉星巴克。霍华德·舒尔茨一听到消息就立即赶了过去。伊尔·乔尔纳莱公司的股东都表示支持。当时，星巴克的规模比他自己的店大得多。这好比鲑鱼要吞下鲸，儿子要领导父亲。但对舒尔茨来说，这根本不是什么问题。投资者们再次把信任投给了他，为他凑足了收购星巴克所需的400万美元。

1987年一个阳光灿烂的下午，舒尔茨签署了收购星巴克的文件。明星咖啡连锁公司便归霍华德·舒尔茨所有。然后，他像往常一样来到咖啡店,轻松地和咖啡师打了个招呼,然后坐在靠窗的一张凳子上。此时,他已经从一个当初的雇员,变成了星巴克的总裁。店员们看到,他们的老板端起了一杯咖啡,眼睛里闪烁着泪光。霍华德·舒尔茨有了实现雄心壮志的机会,却也肩负了将近100人的希望与忧虑,心里既振奋又惶恐不安。

也在这时候,霍华德·舒尔茨父亲病入膏肓,1988年1月,霍华德·舒尔茨回家去见他最后一面。那是霍华德·舒尔茨生平最悲伤的一天。他的父亲没有积蓄,没有养老金。更糟的是,他不曾从工作中体会过尊严和成就感。

霍华德·舒尔茨相信人生中充满机会,但我们往往不懂得把握。我们归功于运气的成就,有许多事其实与运气完全无关,应归功于当机立断、敢作敢为,见人之未见,坚持不懈。

责任感的延伸

舒尔茨收购星巴克的时候,他父亲的肺癌开始恶化。他坐在父亲身边,握住他骨瘦如柴的手。这只手曾经教他打棒球、投掷橄榄球……过去20年的光阴,在舒尔茨眼前一幕幕浮现。父亲曾尽最大的努力去改变生活状况,但是,他拼命工作,却还是换不到一个有尊严的栖息之地。舒尔茨对此一直感到很痛心,但让他感到宽慰的是,现在,他可以帮助父亲了。

> **喝咖啡的好处**
>
> 1. 咖啡含有一定的营养成分。2. 咖啡可以消除疲劳。3. 一日三杯咖啡可预防胆结石。4. 常喝咖啡可防止放射线伤害。5. 咖啡具有保健医疗功能。

舒尔茨把对父亲的这种责任感,推及到每一个星巴克员工的身上。他想让所有雇员共同拥有星巴克,大家一起抵达成功的终点。当时,在美国,雇主对员工的慷慨已经不合潮流,股东利益最大化成了压倒一切的"原则",压缩成本和解雇员工的措施,总会让华尔街发出一片叫好声。但星巴克走的是一条与众不同的路:支付全额的健康福利费用,向每一个员工赠送企业股票。

于是,星巴克的员工们开始把他们的公司当成自己的"家",并努力要

把这个"家"经营好。星巴克的生意越来越红火，舒尔茨的社会声誉随之日渐升高。1994年，美国总统克林顿接见了舒尔茨。

星巴克上市

在职业生涯中，最让舒尔茨感到幸福的，还是1992年星巴克在纳斯达克成功上市。这为星巴克品牌增添光彩的同时，也为它募集到了企业发展所需的全部资金。但是，在公司刚上市的那段时间，一位经常拉响股市警报的华尔街权威人士曾预测，"星巴克会栽大跟头"。舒尔茨把这篇报道剪下来，贴在办公室的抽屉上，每天都要提心吊胆地拉出来看看。幸运的是，股民们选择信任舒尔茨，星巴克的股价因而一路走高。

有了大笔资金可用的舒尔茨，开始让星巴克以不可思议的速度向全球蔓延。不久，在中国、日本和欧洲国家，星巴克的绿色标志，就不再是新鲜事物了。

在谈及自己的成功秘诀时，舒尔茨自豪地说，只要叫上一杯星巴克的咖啡，你就可以享受异国情调，可以让自己获得片刻的喘息；同时，星巴克还是一个人际交流的好地方；在这个浮躁的时代，人们渴望着自己的心灵被什么东西触动一下，那也许就是一杯令人回味的咖啡。

星巴克绿色徽标

它是一个貌似美人鱼的双尾海神形象，这个徽标是1971年由设计师泰瑞·赫克勒从中世纪木刻的海神像中得到灵感而设计的。标识上的美人鱼像传达了原始与现代的双重含义；她的脸很朴实，却用了现代抽象形式的包装，中间是黑白的，只在外面用一圈彩色包围。优美的"绿色美人鱼"与麦当劳的"m"一道成了美国文化的象征。

第三节　解读星巴克

品牌简介

星巴克（Starbucks）咖啡公司成立于1971年，是世界领先的特种咖啡的零售商、烘焙者和星巴克品牌拥有者。旗下零售产品包括30多款全球顶级的咖啡豆、手工制作的浓缩咖啡和多款咖啡冷热饮料、新鲜美味的各式糕点食品以及丰富多样的咖啡机、咖啡杯等商品。1987年，现任董事长霍华德·舒尔茨先生收购星巴克，从此带领公司跨越了数座里程碑。

1992年6月，星巴克作为第一家专业咖啡公司成功上市，迅速推动了公司业务增长和品牌发展。目前公司已在北美，拉丁美洲，欧洲，中东和太平洋沿岸37个国家拥有超过1.2万多家咖啡店，拥有员工超过11.7万人。长期以来，公司一直致力于向顾客提供最优质的咖啡和服务，营造独特的"星巴克体验"，让全球各地的星巴克店成为人们除了工作场所和生活居所之外温馨舒适的"第三生活空间"。与此同时，公司不断地通过各种体现企业社会责任的活动回馈社会，改善环境，回报合作伙伴和咖啡产区农民。鉴于星巴克独特的企业文化和理念，公司连续多年被美国《财富》杂志评为"最受尊敬的企业"。

品牌文化

"品牌本位论"认为：品牌不仅是产品的标识，而且有自己的内容，是其基本内容的标识，品牌是代表特定文化意义的符号。星巴克的"品牌人

格谱"就是将星巴克文化从多个角度进行特定注释的"符号元素"集合。

品牌定位:"星巴克"这个名字来自美国作家麦尔维尔的小说《白鲸》中一位处事极其冷静、极具性格魅力的大副。他的嗜好就是喝咖啡。麦尔维尔在美国和世界文学史上有很高的地位，但麦尔维尔的读者群并不算多，主要是受过良好教育、有较高文化品位的人士，没有一定文化教养的人是不可能去读《白鲸》这部书，更不要说去了解星巴克这个人物了。从星巴克这一品牌名称上，就可以清晰地明确其目标市场的定位：不是普通的大众，而是一群注重享受、休闲、崇尚知识尊重人本位的富有小资情调的城市白领。

五种人不宜喝咖啡

1. 患高血压、冠心病、动脉硬化等疾病的人，长期或大量饮用咖啡，可引起心血管疾病。2. 老年妇女——咖啡会减少钙质、引起骨质疏松。妇女绝经后，每天需要加十倍的钙量。3. 胃病患者喝咖啡过量可引起胃病恶化。4. 孕妇饮过量咖啡，可导致胎儿畸形或流产。5. 维生素B1缺乏者——维生素B1可保持神经系统的平衡和稳定，而咖啡对其有破坏作用。

介于家与办公室之间的第三空间

"在自己的店子里他总会笑得拢不上嘴。"人们常常这样说舒尔茨。为什么不呢？星巴克确实是个可以为之骄傲的地方。每当舒尔茨来到星巴克，总会善意地和雇员、顾客打招呼。"星巴克是我第三个场所，"舒尔茨就座后总要来一杯咖啡，一边品尝，一边和旁人闲聊起来。"第一个是家，第二个是办公室，星巴克则介于两者之间。在这里呆着，让人感到舒适、安全和家的温馨。"舒尔茨说他正试图在美国推行一种全新的"咖啡生活"。不管你是否认同他的这种经营理念，光是看看每周光临星巴克的人数——2 500万人，就足以令人留下深刻印象。

舒尔茨退出CEO的职位，成为星巴克的董事长及首席策略家，这与他的同乡——微软公司总裁比尔·盖茨的做法非常相像。他把

CEO的职位给了年长他10岁的奥林·史密斯。为什么舒尔茨会这么做呢？"因为奥林能够胜任这个工作。"舒尔茨的回答十分简短。正是这一变动，舒尔茨才可以从预算会议等繁琐的日常事务中脱离出来。"当初，只有雅皮士才肯光临星巴克，而现在，不需要做特别的市场宣传，客源量远远超出了我们能够估计的范围，包括老年人、年轻人，和各个种族以及各种背景的人，就像是全世界的人都冒了出来。"史密斯说道。

消费定位

星巴克的价格定位是"多数人承担得起的奢侈品"，消费者定位是"白领阶层"。他们大部分是高级知识分子，爱好精品、美食和艺术，而且是收入较高、忠诚度极高的消费阶层。他们往往在认同了一种服务之后，在很长时间内都不会变化，会长期稳定地使用这种服务，有一种追求稳定的心理倾向。星巴克就以"攻心战略"来感动顾客，培养顾客的忠诚度。

"我们的新式蒸汽加压自动煮浓咖啡装置大大加快了我们的服务速度，而我们的商品从来没有像目前这样具有竞争力。"史密斯自豪地说，"现在，我们有能力去以往想都不敢想的地方开设分店，而且加盟形式多样，也可以合资公司，可以是许可协议，或者是独资自营。"

海外市场扩张

星巴克选择了亚洲作为海外扩张的第一站，是因为：1.亚洲对星巴克扩大市场占有率很有帮助；2.亚洲可以成为星巴克优质阿拉伯咖啡豆的来源地；3.星巴克在亚洲很容易具有公关优势。

星巴克进军欧洲市场的主要原因是：1.欧洲具有浓厚的咖啡文化；2.欧洲咖啡客的悠闲使那里的经营者很少考虑变革和发展现代经营理念，这给星巴克提供了进入市场的机会。

良好的心理素质是创业成功的前提。让"固执"的欧洲人喝蕴涵美国文化的咖啡本身就是一种挑战。星巴克在攻坚欧洲市场的时候，就保持了良好的心态，不急躁，不放弃，执著地推广着自己的咖啡和文化，最终获得了成功。跨国企业在海外立足的根本是入乡随俗，实行本土化经营。咖啡

是西方的,星巴克是美国的,而星巴克的咖啡文化却是全世界的——这正是星巴克在全球化过程中巧妙运用本土化策略的结果。

在中国和日本,星巴克让本来对咖啡并不熟悉的东方人品味出了"东西合璧"的美妙感觉,从而醉心于星巴克;在欧洲,星巴克让对音频"保守且挑剔"的英国人从咖啡中喝出了下午茶的韵味。这便是文化融合的力量,是本土化的高明之处。星巴克是带着其独特的咖啡文化进入一片陌生市场的,但正是在陌生的市场中,星巴克丰富了自身,让顾客置身于星巴克有一种既陌生又熟悉的新鲜感觉,这就保证了星巴克在世界范围内的市场开拓无往而不胜。

现在舒尔茨所面临的问题是如何保持星巴克的发展势头。虽然外界对星巴克的预测众说纷纭,但舒尔茨的生意总是与众不同,他也从来不按常理出牌,也许正是这点常常让别人低估了他的能力。从白手起家到风靡全球,星巴克的奇迹究竟可以持续多久?随着舒尔茨"第三个场所的理念"逐步深入人心,相信人们都已经有了答案。

目前,星巴克的发展势头让人眼红。它的年财政收入持续增长20%以上。"同一店铺"(即开张时间超过一年的店铺)的销售量在去年十一二月份暴增了11%,为10多年来所罕见。另外,星巴克股票比去年上升56%,与1992年首次发股上市的市值相比则增长了30.28%,达到历史新高。

为了实现全球化,舒尔茨正致力打造一个强大的公司,包括组建一支新的管理队伍,构建大型的咖啡烘焙厂,帮助咖啡种植者改善咖啡豆的品种,使其符合星巴克严格的标准以及大量的需求。

第三章　鲍鱼王子的美食传奇

> 人物传奇
>
> 他出身贫寒，战争又令他背井离乡，初期创业的目的仅仅为了能吃一顿饱饭。四十余年的厨师生涯，他尝尽了常人难以忍受的艰辛与困苦。然而为了完成成就一番事业的心愿，他咬着牙挺过来了。凭着自己的努力和天分，他最终赢得了"鲍鱼王"、"世界御厨"的称号……从小工、经理到老板，他一步步实现了自己的人生愿望。

第一节　人物解读

个人简介

杨贯一，男，汉族，1932年生，祖籍广东中山，现居香港，国宝级烹饪大师，国际名厨，中国烹饪一代宗师，鲍鱼之王，中华金厨，国家名厨专家工作委员会高级顾问，曾获世界C.C.C.金章、法国厨艺大师最高荣誉白金奖、美国厨艺界最高荣誉五星钻石奖、餐饮业终身成就奖等尊贵荣誉，香港富临饭店创办人兼总厨，香港著名国际级大厨，世界御厨，世界御厨协会亚太区副总裁，欧洲名厨联盟亚洲区荣誉会长，国际著名烹饪大师，中华国际名厨，国际烹饪艺术大师，新加坡新航国际烹饪顾问团顾问，香港现代管理(饮食)专业协会会长，世界御厨杨贯一大师基金创始人。精

通鲍鱼的烹制，其代表招牌菜"阿一鲍鱼"更享誉国际。

人物履历

1948年到香港工作，做过饭店清洁工、小工等工作，历尽艰辛。

1960年升任香港告罗士大酒店营业经理。

1974年杨贯一集资60万港币，开设富临饭店。1977年投资500万港币改造富临饭店，直到今天发展成庞大的餐饮集团公司。

1983年自主研制了独具一格的阿一鲍鱼。

1985年在香港著名食评家唯灵、梁玳宁、韩中旋等人的推荐下，杨贯一南下新加坡表演，名声开始远扬海外。同年5月，杨贯一受邀到北京人民大会堂表演厨技，他出神入化的厨艺表演，让大会堂的堂菜大师大开眼界，杨贯一的名字开始在京城美食界流传。

1986年5月受钓鱼台国宾馆的邀请，再次来到北京，向钓鱼台的厨师传授技艺，并亲自掌勺为中央领导人烹制菜肴，邓小平品尝过他做的鲍鱼后，深有感触地说："这样的鲍鱼，只有在政策开放以后才可以吃到"。而后杨贯一产生了一个心愿："我要让每个中国人都能吃到阿一鲍鱼，我要让所有的外国都知道中国有最好的做鲍鱼的师傅！"他知道单靠一己之力难以将"阿一鲍鱼"成功地推向世界，他开始收徒，希望能把"阿一鲍鱼"的技艺传扬天下。1988年获英国剑桥大学推荐的"杰出人士"奖。

最好的干鲍

日本北部一带的深海，海深水清，鲍鱼生长得特别鲜美，另外，日本拥有晒制干鲍的名师，其晒制的技术是祖传秘方，并不外传，因此，即使其他地方有质量很好的鲍鱼，如南非、新西兰等地，也无法晒制出日本干鲍的效果。日本的干鲍是世界上最好的。

1989年成为法国美食协会会员，并颁发"优异之星"奖，这是首位华人获此殊荣。同年7月，他获得法国蓝带勋章美食会的会籍，令他在法国美食界的地位如日中天，再后来，杨贯一从法国各种各样的美食协会中接连得到奖项和会籍。

最高荣誉C.C.C.金章　　　　厨艺大师白金奖　　　　法国国会荣誉金牌

法国总统的致谢信　　　法国国会颁发的荣誉证书　　　世界御厨协会主席手上获颁会员证书

1996年获得国际御厨协会颁发的最高荣誉勋章ClubdesChefsdesChefs（C.C.C.）金章。

1999年5月6日，法国总统希拉克在写给杨贯一的信中表示："我十分欣喜地发现中国美食里我尚未认识的部分，尤其是您炮制的、享负盛名的鲍鱼。请接受我最崇高的敬意。"

2001年10月编撰出版了《阿一鲍鱼厨艺》。

2004年10月荣获中国饭店协会颁发的"终身成就至尊大奖"，为首位及唯一获颁此项殊荣人士。

2005年5月18日，杨贯一基金会在南京宣布成立。

2007年获香港政府授予的"铜紫荆星章"

2011年11月被选入《国家名厨》大典。

杨贯一曾说："阿一鲍鱼是属于中国的精品美食标志，是弘扬中国美食文化的图腾，建立基金培训人才，是我最大的心愿，"杨贯一基金会"的成立圆了我人生最高梦想。"

鲍中极品

日本青森县出产的网鲍，这是鲍鱼中顶级绝品，由鲍鱼界"天王师傅"花谷一手晒制。网鲍外形呈椭圆形，鲍边稀小，通常一斤在20只左右，这种鲍鱼用刀切开后，鱼身的横切面，带有网状花纹，因此叫网鲍，如果这种鲍鱼每只重达半斤以上，则是难得一见的极品。

第二节　从贫困少年到"鲍鱼之王"

厨艺人生

　　杨贯一自16岁入行,纵横厨艺界数十载,其招牌菜"阿一鲍鱼"更享誉国际,许多国家元首级人物亦曾品尝过这道拿手好菜。1983年起,杨贯一研究鲍鱼,当时值移民潮,酒楼业生意大受影响,由于没有酒楼主力以鲍鱼做主菜,鲍鱼令富临饭店的生意蒸蒸日上,杨贯一看准了这一点,故旋即大受欢迎。

中山少年闯荡香港

　　1932年,杨贯一出生在广东省中山市,父亲是乡间教师。中山虽是鱼米之乡,但在当时战乱频仍的情况下,杨贯一的童年在贫穷与流离中度过。杨贯一7岁那年,父亲将他和两个妹妹送到祖母家寄养,之后父母离异,并相继离开他们。由于祖母年事已高,无力抚养杨贯一兄妹三人,只好将他们送入孤儿院。

　　在战争年代的艰难处境中,孤儿院未能成为杨贯一兄妹三人健康成长的护所,杨贯一10岁那年,两个妹妹先后因营养不良悲惨地死去。所幸的是,杨贯一撑了下来,他撑到了抗战结束。

　　1948年,年仅16岁的杨贯

一，带着祖母交给他的仅有的50元，来到香港闯世界。当时的香港充满机遇与挑战，他说，也许是因为饿久了，太想吃一顿饱饭，他一到香港，就找到一个叫大华饭店的食肆做清洁工，负责饭馆里里外外的卫生。1950年，他又到新乐酒店打工，虽然仍是小工，但已经变成侍应生，做一些倒茶、冲水、上菜的活儿。

也许是命中的缘分，他从到香港的那天起，就注定要终生从事餐饮业，而他也凭着自己的勤劳、真诚与智慧，逐渐获得香港餐饮界的认可与赞许。在满足温饱之后，他最大的心愿是不再做小工被人呼来喝去，他想做经理管人。终于在1960年，杨贯一被提升为香港告罗士大酒店的营业经理，踏上他事业发展的第一个台阶。这个时候的杨贯一，已非12年前那个带着50块港币闯荡香港的贫困少年，不仅经济状况大为改观，而且积累了大量宝贵的餐饮业经营经验。

年青经理的老板梦

做了经理，眼见每日辛辛苦苦为老板赚钱，老板"无所事事"就荷包爆满，他又萌生了要当老板的愿望，让伙计替他赚钱。

1974年，杨贯一与5个朋友合股，集资60万港币，开设了一家富临饭店。就是现在香港大名鼎鼎的富临饭店，跻身于老板的行列，完成了当老板的心愿。做了老板的杨贯一，才知道做老板谈何容易。那时的香港，餐饮业蓬勃发展，大小餐馆近8 000家，竞争异常激烈。

刚开始，以海鲜为主的富临饭店的发展尚算顺利，但是，几年之后，经营开始日趋艰难，部分股东出现分歧，有的甚至退股，后来连大厨也离开了。富临饭店陷入艰难时期。整个饭店只

鲍鱼的分类

鲍鱼分鲜鲍和干鲍两种，干鲍是经过复杂的程序做成的。以目前的价格，一只鲜鲍至多数百元港币，而干鲍则贵多了，最贵的干鲍一只可达2.5万港币。据说一只半斤重的干鲍，是用重达3斤的鲜鲍晒制而成的，而这种超级大鲍鱼，需要十几年的生长，其价值自然不菲。

有他一人支撑。午夜梦回时，他甚至后悔为何要争强做老板，如果替老板打工就不必承担压力了。曾经有一次，一个已经退了股的朋友回到富临饭店看杨贯一，他问："你还有没有钱发给员工啊？"这样的问候让杨贯一大受刺激，他暗中发誓，一定要把富临办下去。

1977年，富临饭店的经营更加困难，主厨辞职，人心涣散。性格坚韧，生就不服输的他并没有放弃梦想。他决定孤注一掷，完成自己成就一番事业的心愿。杨贯一毅然批挂上阵，以经理的身份，亲自掌勺为客人烹制菜肴。这种做法，在香港餐饮界极为少见，也大大提升了富临员工的士气。解决了财务困境，饭店员工不但可以准时支薪，而且收入较以前增加。熬过了这段人生的"黑暗时期"。

"阿一鲍"小神仙使小老板摇身变成鲍鱼王

为了彻底摆脱困境，杨贯一用心观察、分析香港的各类饭馆、食肆，希望从中找到赢利的办法。他发现有一家专门为高级食客服务的餐馆，生意非常红火。这家餐馆的菜谱中，最贵的是"鲍、参、翅、肚"，也以做这种菜最拿手，虽然价格不菲，但是食客盈门。这个餐馆的成功给了杨贯一很大的启发。经过仔细的考虑，杨贯一决定选取鲍鱼这种既贵重、又难炮制的食物材料，进行有计划的研究和炮

鲍鱼的保存方法

干鲍购买回家后，先依序以塑胶袋、报纸与塑胶袋完整包裹密封好存放于冷冻库中，只要不受潮，约可存放半年到一年。冷冻鲍鱼可在本地超级市场购得，购回后需储存于冷冻库中，且冷冻后即不能化冰，从冷冻库取出后即应于当餐食用完毕。

制。这时已是70年代末。

当时，曾经有人预言，杨贯一是不可能成功的，因为炮制一只美味的鲍鱼，需要两天的时间，杨贯一又是精工细作，铁打的人也得累死。再说鲍鱼本身又很贵重，万一炮制质量不如对手，没有食客，饭店的损失更加惨重。

但是杨贯一说了一句这样的话"吃得苦的人比神仙还有力量。"他前

后购置了价值十几万元的鲍鱼，进行有系统的研究和炮制。在当时的香港，这笔钱可以买下一层楼。

前后数年的努力，跨越两个年代，杨贯一终于在80年代初，成功试制出美味的鲍鱼。他将自己30年来的饮食经验不断发挥，其烹饪艺术已达炉火纯青的境界。他自创了一套用中国砂锅在客人面前烹调的奇技，令高手林立的香港餐饮界惊异之余，也不得不大为叹服。

杨贯一用的方法是选取最好的日本干鲍鱼，使用传统的烹饪工具：瓦煲和木炭，在传统的配料中，保留老鸡、排骨等精华，并在掌握火候等烹制程序中进行前所未有的大胆革新，终于令他的鲍鱼在食味上渐渐压过对手，在香港食客中建立了口碑。香港名人王亭之在品尝了杨贯一的鲍鱼后，即席泼墨挥毫，写下"阿一鲍鱼，天下第一"八个大字，杨贯一的美名不胫而走，大受食客欢迎。杨贯一也被业界尊称为"鲍鱼王"。

把鲍鱼制作得令人食后回味再三，"一哥"是悉心钻研下了一番工夫的。首先是选料上乘，讲究鲍鱼"够靓够正"。所采用日本名贵的特选级吉品鲍。原来在各地出产的干鲍之中，以日本岩手县吉品、大间县禾麻出品的鲍鱼及青森县所产的网鲍，品质最佳，价钱亦最贵。"富临"采用的特级吉品鲍，其质地和形状较同类鲍鱼的货色"靓"得多。所以在"富临"吃鲍鱼，只只都有溏心，品质一流。

走出香港名扬海内外

1985年，在香港著名食评家唯灵、梁玳宁、韩中旋等人的推荐下，杨贯一南下新加坡表演，名声开始远扬海外。

1985年5月，杨贯一北上北京，在人民大会堂表演厨技，他出神入化的表演，让大会堂的堂菜大师大开眼界，杨

挑选方法

优鲍从色泽观察，鲍鱼呈米黄色或浅棕色，质地新鲜有光泽较好；从外形观察，鲍鱼呈椭圆形、鲍身完整、个头均匀、干度足、表面有薄薄的盐粉，若在灯影下鲍鱼中部呈红色更佳；从肉质观察，鲍鱼肉厚、鼓胀饱满、新鲜。

贯一的名字开始在北京城美食界流传。

1986年，杨贯一受钓鱼台国宾馆的邀请，再次来到北京，向钓鱼台的厨师传授技艺，并亲自掌勺为中央领导人烹制菜肴。这一年，香港船王包玉刚在钓鱼台国宾馆宴请邓小平一家，当品尝到鲍鱼这道菜时，邓小平深有感触地说："这样的鲍鱼，只有在政策开放以后才可以吃到。"殊不知，炮制这道美味鲍鱼的厨师，正是从杨贯一那里学到的绝技的。细细品味邓小平的话，一个心愿随即闯入杨贯一的脑海中："我要让每个中国人都能吃到阿一鲍鱼，我要让所有的外国人都知道中国有最好的做鲍鱼的师傅！"他知道单靠一已之力难以将"阿一鲍鱼"成功地推向世界，他开始收徒，希望能把"阿一鲍鱼"的技艺传扬天下。

在2004年第五届中国美食节上，杨贯一与中国饭店协会会长韩明有幸结缘，他吐露了自己愿将所学回馈社会的心愿。韩会长对杨贯一的想法表示赞成。

在韩会长的精心组织、全力支持下，2005年5月18日，在鱼米之乡古都南京，"杨贯一基金会"宣布成立。这位已年过七旬，凭着追求梦想一步步迈向成功的老人终于心愿得偿。在基金会的捐赠仪式上，他激动不已，感慨万分，他说："阿一鲍鱼是属于中国的精品美食标志，是宏扬中国美食文化的图腾，建立基金培训人才，是我最大的心愿，"杨贯一基金会"的成立圆了我人生最高梦想。"

从穷困少年到美食界泰斗

国际美食界各种各样的协会当中，有一个独特的机构：国际御厨协会。这个协会由世界各国领袖们的御厨组成，是世界上最为独特、最为尊贵的美食学组织。该组织给自己的成员颁发的最高荣誉徽章奖是C.C.C.金章，迄今为止，全世界只有三个人获此殊荣；其中一人为前法国总统御厨，已逝世；另外一人是美国5任总统的御厨，已退休；第三个人是来自香港的号称"鲍鱼之王"的杨贯一。他的厨艺，得到了世界各国领袖们的高度称赞。

1986年5月6日，法国总统希拉克在写给杨贯一的信中说："我十分欣喜地发现中国美食里我尚未认识的部分，尤其是您炮制的、享负盛名的鲍鱼。请接受我最崇高的敬意。"

香港人将杨贯一视为自己的骄傲，实际上，杨贯一不但是香港的骄傲，也是全球华人的骄傲。正

> **鲍鱼医疗价值**
>
> 中医认为鲍鱼具有滋阴补养功效，是一种补而不燥的海产，吃后没有牙痛、流鼻血等副作用。《食疗本草》记载，鲍鱼"入肝通瘀，入肠涤垢，不伤元气。壮阳、生百脉。"鲍鱼的壳，中药称石决明，因其有明目退翳之功效，又称"千里光"。石决明还有清热平肝、滋阴壮阳的作用，可用于医治头晕眼花、高血压及其他类症。

如杨贯一先生自己说的："我代表的是中国，我所获得的荣誉，就是中国人的荣誉"。然而，谁又知道，这个将中华饮食的精髓传播到在全世界的"阿一"，却有着一个坎坷的童年。他成长的经历，集中体现了中华民族勤劳智慧的特性。

中国人的骄傲

自此之后，杨贯一名声大操，香港富商、美食家、外国游客、各国政要纷至沓来，而杨贯一也不停地在中国、海外做巡回表演，并获得各种大奖。

杨贯一获得的第一个海外奖项,是英国剑桥大学推荐的"1988年杰出人士"奖;而他首次被世界美食大国法国承认其美食地位的,是1989年,该国美食协会邀请他入会成为会员,并颁发"优异之星"奖,这是首位华人获此殊荣;同年7月,他获得法国蓝带勋章美食会的会籍,令他在法国美食界的地位如日中天,再后来,杨贯一从法国各种各样的美食协会中接连得到奖项和会籍。

香港舆论评论说,杨贯一和他的鲍鱼,是香港饮食历史上的一个高峰,也是一个传奇,他的成就,从宏观上看,并不是一个人的成就,而是数千年中华民族饮食文化的结晶。他的成就,获得全球美食家的喝彩,更值得中华民族的同胞们喝彩。

阿一鲍鱼

"阿一"既是杨贯一之名,亦含其精心研制烹饪的日本干鲍天下第一之意。杨贯一的"富临饭店"烹制的鲍鱼匠心独运,食味超凡。只见上席的鲍鱼热腾腾的亮丽异常,用餐刀切开一片,鲍鱼片中间呈现微似粉状的金黄色,这就是靓鲍鱼所特有的,是谓"糖心鲍鱼"。入口鲍味浓郁,软滑而弹牙,带点韧性;吃后余韵悠久,齿颊留香。

与普通中国厨师不同的是,人们在富临饭店,可以经常看到西装革履的杨贯一,手提石油气炉及瓦锅,即席为食客烹制鲍鱼。关于这一点,杨贯一有一个解释,他说:"我要经常在场,好让客人能够见到我。这样会有一个奇妙的效果。因为客人若见到我,或者跟我打一声招呼,则菜肴也好像变得好味一些。"

香港一位专栏作家这样形容品尝"阿一鲍鱼"的感觉,"未吃已敬畏万分,一吃为人生最奇的经历,吃完四处传颂","洋人只吃鲜鲍,从不知干鲍如此厉害","是震撼性的感觉。"

2007年被港府授予"铜紫荆星章"。

第三节 "阿一鲍鱼"遍四海

鲍鱼文化

古往今来,山珍海味被视为席上珍品,而海味中尤以鲍鱼为上品。鲍鱼之所以价格昂贵,原因之一是鲍鱼产量少,产地十分考究,出海后的晒制工艺复杂,费时又费力。香港、台湾有"一口鲍鱼一口金"的说法,足见其价值之高。鲍鱼价格高的另一个原因是鲍鱼不仅口感鲜嫩,还有极高的食疗价值,可以滋阴养颜,润补而不使人上火燥热;可防治高血压、糖尿病,且无胆固醇,具有养肝明目之效。因此特别被美食家所极力推崇。

鲍鱼本身已是一种高级海产,中国古称山珍海味之海味所指鲍、参、翅、肚,尤以鲍鱼为首,这里所指的鲍其实是指干鲍,一直以来,人们视干鲍为补品,具滋阴、补肾、保肝、明目等食疗功效,干鲍之中,尤以日本窝麻、吉品、网鲍为世界干鲍之冠,是日本生产干鲍三大家族祖传秘制产品,代代相传,绝不外授,其他世界各地所产干鲍均无法比肩,为名贵海味名流政要,上流社会款客的席上佳肴,滋补强身之极品。

阿一鲍鱼

把海鲜做出特色,是香港阿一酒家的宗旨,多年来阿一酒家对鲍鱼的烹饪技艺悉心研究,投入大量资金,用各种方法制作鲍鱼,终于练成厨艺精深的绝技,烹饪鲍鱼每道工序都非常讲究,且有很深的学问。阿一鲍鱼采用的是世界上最著名的日本大干鲍为原料，它的烹饪厨技高超之处在于：干鲍鱼经过天然的方法加工制作后，使其恢复天然，即体现原本的鲜味、原本的色泽、原本的模样。要达到如此高的烹饪境界其实做起来并不容易，从选料、浸泡到用火、用料都有一系列复杂工序。

中国人优秀的烹饪传统，譬如瓦煲、风炉、木炭，以及用排骨、老鸡汤等，在阿一酒家煮鲍鱼中都得到了沿用：炊具必用瓦煲，火必用炭火，除以排骨、老鸡熬成上汤来调味外，不加其它调味品，新法制作，耗时十数小时甚

鲍鱼晒制工艺

鲍鱼晒制的工艺十分复杂，鲜鲍捞上来之后，经过晒干、除壳、在盐水中腌制、冲洗，然后在热水中煮熟，再在炭火中烘干，之后进行第二次吊晒，最后成为成品。

至数天，将硬如石头的干鲍，制成软滑无比，个个完好无损，犹如油煎的鸡蛋，中间裸露着一个金色的肉丸。甘香鲜美的席上佳肴，既保持鲍鱼原色、原味、原形，原有营养价值、食品食疗功效，也美味可口、齿颊留香。

阿一鲍鱼的烹饪厨艺无不渗透着中国优秀的传统食文化内涵。杨贯一先生也因在国际上弘扬中国美食文化有突出成就而赢得众多荣誉，被国际美食界公认为"鲍鱼大王"、"美食大师"，并荣膺"国际杰出风云人物"称号。阿一鲍鱼在香港有颇高的知名度，许多政界要人、工商巨子和各国来访贵宾、游人都以一品阿一鲍鱼为乐事。在北京人民大会堂、钓鱼台国宾馆，阿一鲍鱼更显示出中国菜的无比精美和亮丽。

在香港有着20多年鲍鱼大王美誉的阿一鲍鱼酒家先后在北京，上海，新加坡，印尼开设了连锁店。因其选料讲究，加上高水平的厨艺大师亲自掌勺，各地的阿一鲍鱼酒家深受"美食家"的赞誉。

第四章　冷锅鱼财富之旅

人物传奇

十年前，聂志伟和他的“三只耳”以独创的冷锅鱼进入成都，其各店生意的火爆程度，为成都餐饮史上所罕见，被四川主流媒体誉为“成都的美食奇迹”。

十年后，当旗下拥有125家分店的聂志伟将冷锅鱼的热力传遍全国，并强势进京时，他所引爆的不仅仅是一种崭新的食尚潮流，更重要的是，他那不拘一格的品牌经营艺术带给业界太多的惊奇。

第一节　走近人物

个人简介

聂志伟，男，出身医学世家，毕业后顺利进入一家政府办事处工作；1989年，辞去公职，在四川宜宾创办了蜀南酒家。推出了集美味、营养、保健于一体的特色菜品，并于1995年创办了药膳为主的竹园火锅。从此聂志伟先生正式投身餐饮行业。1998年，聂志伟带着独创的冷锅鱼进入成都，正式打出“三只耳冷锅鱼”的招牌，并于同年启动企业的连锁加盟事业。任成都三只耳火锅连锁有限公司董事长。

个人荣誉

聂志伟先生先后被评为"全国饭店优秀企业家"、"四川十大财经人物"、"今日中国百名杰出企业家"、"中国当代经济人物"、"中国西部精品菜肴及美食展览会个人贡献奖"等荣誉称号。

有媒体评价说，冷锅鱼是在沸腾鱼、水煮鱼、谭鱼头后，引发了新一轮食鱼风暴。而全国市场上冒出的数以千计的冷锅鱼餐馆，让人不禁为三只耳未来的发展捏一把汗。但聂志伟似乎并不担心这些："三只耳冷锅鱼的核心技术就像可口可乐的配方需要十几个人凑在一起才能破解，三只耳的企业管理同样先进。"

如今，三只耳的连锁体系把南至广东，北至黑龙江，西至新疆，东到江浙的中国给囊括进去了，面对管理上带来的挑战，聂志伟有自己的一套体系：一方面建立中央厨房、中央物流、中央人力资源培训的内部交流共享体系，以最小的成本实现对连锁各店最科学的协助、指导；另一方面通过在试点区域内，以样板店为依托，建立区域小总部，对区域化市场分店实施针对性管理。

十年磨一剑，在不断的调整和摸索中，三只耳已成为以火锅经营为主，集原材料生产、新产品研发、物流配送、职业教学培训、餐饮管理及管理咨询为一体的大型餐饮连锁企业。但聂志伟的探索步伐并没有就此停滞，循着一条多元化、多品牌的发展思路，现在又开发出中餐连锁、传统火锅连锁，他和他的三只耳定会创造更加炫目的美食传奇。

第二节 打造三只耳的传奇

饮食结合医理

聂志伟出身医学世家,他与餐饮的这份情缘还得从行医治病谈起。上世纪80年代,聂志伟在一家医院当医生,应该说这是一份生活稳定、收入颇丰的好工作,但在聂志伟内心始终涌动着一个大胆的想法,"在给患者治疗的过程中,我发现许多病人都是因为饮食不均衡带来的疾患,与其后期治疗,不如一开始就预防。医食同源,我觉得这两者如果结合起来,不仅可以解决病从口入的问题,更是一个绝好的市场契机。"

> **医食同源**
>
> "医食同源"之说,许多食物即药物,它们之间并无绝对的分界线,古代医学家将中药的"四性"、"五味"理论运用到食物之中,认为每种食物也具有"四性"、"五味"。

说干就干,1989年,聂志伟和妻子共同贷款10万元,在家乡宜宾开了一家中餐厅,取名为"蜀南酒家"。为了提高服务人员团队素质,招收了很多大学生做钟点服务,这在餐饮界也算是个首例了。后来看到火锅广阔的发展前景后,他们将酒店改成"竹园火锅",开始涉足火锅业。

由于聂志伟是学医出身,在几年的餐饮经营中,有意地将中国"医食同源"的传统养生思想融入到菜品研发和改良当中。在经营火锅店的过程中他们发现虽然火锅很受大众欢迎,但传统工艺中存在一些对人体健康不利的因素。比如,汤卤温度过高,刺激胃黏膜,引起局部充血会导致胃部不适;温度过高对口腔造成麻痹,也能导致口味的层次感不容易感受出来;另外,汤卤中各种配料较为繁多,特别是盐等调味品,如果沸腾时间过长就会产生很多不利的化学物质等等。那能不能解决这个问题呢? 夫妇俩开始了不计其数的试验。

终于有一天,聂志伟突发奇想——为什么不能把川菜现场烹饪的技术融入到火锅当中,推出一种在厨房就把菜做好,端上桌就可以吃,吃完主菜后再点火涮烫其他菜品的火锅呢? 这种后来被称为"冷锅"的形式得以确立,那锅中的主菜应该是什么呢? 从畜、禽、什锦烩(就是同时放入多种原材料)到鱼,他们先后试制了各种原材料。当尝试到用四川淡水特产的花鲢鱼做出的菜肴时,夫妇俩顿觉口感一新,眼前一亮,"冷锅鱼"的称呼几乎一跳而出。其汤色沉红靓丽,汤卤掩映之下鱼片雪白可人,汤面平静悠然,汤下热情似火,提筷捞起一片入口,麻、辣、鲜、香、嫩、滑、爽,层次分明,回味悠长,恰如一曲以麻辣味为主旋律的、层次丰富的交响乐。特别是锅中配放的川南一带特有的青花椒,散发出青郁幽然的椒香,为产品增色不少,确有"锅冷鱼烫,吃着舒畅"的贴切感受。冷锅鱼做味碟的方式也完全有别于传统火锅,锅中汤卤是最好的味碟料汁,将汤卤汁舀入加有少许黄豆、蒜茸、香葱等配料的小碗中,一碗香辣浓烈的味碟就做好了。

> **火锅的历史**
>
> 关于火锅的起源,目前有两种说法:一种说是在三国时期或隋炀帝时代,那时的"铜鼎",就是火锅的前身;另一种说是火锅始于东汉,出土文物中的"斗"就是指火锅。可见火锅在我国已有1 900多年的历史了。重庆火锅早在左思的《三都赋》中有记录。可见其历史至少在1 700年以上。

吃鱼好呀! 大家都心领神会。最嫩的部位是鱼头,然后鱼腹,鱼尾,这也是吃鱼的绝佳顺序。鱼唇嫩滑,鱼舌韧软,鱼脑脂腴,鱼眼圆润,鱼肉嫩滑……鱼肉富含脑磷脂、维生素、蛋白质,而且属于低热量、低脂肪、低胆固醇的健康食品。这不正符合于现代都市人的健康饮食发展趋势吗!

三只耳火锅问世

这种产品爆发出来的冲击力,让当时在场试菜的所有人都发出惊叹。

于是，他们产生了一种要单独为之命名的强烈冲动。随后，聂志伟夫妇专程跑到成都，请教了众多文化人士，包括知名教授、四川火锅协会会长张昌余先生。大家在尝试冷锅鱼以后，对此表现出极大的热情。纷纷建议他们一定要在成都开店。但用什么名字呢？聂先生的夫人刘冀虹总经理回忆说，当时起了一共三十多个名字，但都没有特别能打动人的。

最后，有一个朋友问她，你老公姓什么？"姓聂"。"哦，姓叶"，对方错听成"叶"的发音，刘总解释道，"是聂字，按照繁体字的写法，就是三只耳朵重叠在一起的那个字"……哦，对方释然。岂知刚一停口，就有人惊呼而出——三只耳！这不就是最好的名字吗！对呀，众人猛醒。

随即有文化界博学之士出面阐释："三字，从术数学角度来看，是预示着知识大爆炸，按道家讲，一生二，二生三，三生万物，三字可以做大；从佛教释义来看，佛经中有天耳通愿的教义，第三只眼为天眼，第三只耳则为天耳，具备天耳者，可以听到八方世界的声音，是佛家所解释的大殊胜功能；通愿八方，恭听天下，这是何等的气魄呀！"是的，古意为"听天、听地、听君王"，今朝来他一个"听天、听地、听民声；顺风、顺水、顺口福"。于是，三只耳这个初听诡异，暗含深厚文化渊源的名字就这样定了下来。

在几年的餐饮经营中，聂志伟在将口味和营养融合到菜品研发、改良的同时，也有意识地寻找一种易于复制的餐饮形式，循着这么一条"特色加可持续发展"的餐饮之路，又历经无数次的试验探索，1998年，三只耳冷锅鱼的第一家店在成都天祥街落地生根，一火便是

火锅容器变化

从元、明、清到现今，火锅器皿上的变化并不大，新的容器除了锅宝采用耐高温透明玻璃，煮的时候可见食物的翻腾，吃的时候较不会有漏网之鱼外，铜锅、铁锅、砂锅等锅具，只是在制作上更为精致，多已使用几千年以上，而现用的最普遍的也最广泛的锅具为"不锈钢锅"，也就是俗称的"白铁锅"。

十年。

　　然而，当时的三只耳冷锅鱼太反常规了。几乎与传统的火锅背道而驰，因此冷锅鱼的创意曾被一些行业人士视为另类。"在牛油火锅盛极之时做纯清油制锅"、"在吃火锅普遍不烫鱼的背景下做鱼主题"、"在火锅都是端上桌点火涮烫的传统文化下兴起一种在厨房就做好，端上桌就可以吃，吃完再点火涮其他菜品的冷锅风尚"、"在人人都用红花椒烹制锅底的成都人的火锅中投放青花椒"……但是，聂先生深信产品的健康美味导向，一定能赢得消费者青睐。果不其然，冷锅鱼特色新品一上市，就引起哄堂爆满。一反常规的冷锅用餐形式和美味健康的冷锅鱼给客人带来全新的感觉。

别出心裁的服务

　　为了在服务上体现出亮点，三只耳还创新出一套和冷锅鱼配套的"设施"。刘总配合丈夫一起带领员工反复演示，确定出三只耳现场为客人制作味碟的标准操作手法：服务员站在客人身侧，一手持漏勺，一手持汤勺，左右开弓，先将锅面上的油散开，两只合为一体探入锅中，将汤汁盛出，以漏勺过滤调料等杂物，只将汤卤汁舀入加有少许黄豆、蒜茸、香葱等配料的小碗中，一碗香辣浓烈的味碟就做好了。还可根据客人喜辣的程度进行调节，舀汤汁时只要附带出的辣油越多，辣味就越重，反之，则口味越轻。

越来越多的出于猎奇心理的客人光顾了三只耳的小店，点上一锅鱼，一口入嘴，便再也难以割舍，非要吃个痛快不可，从猎奇者变成忠实顾客。

冷锅鱼将川菜烹饪的精髓移神换影地融入到火锅餐饮中，并根据医食同源的传统养生文化和中医辨

证施治的理论，四季配方各不相同。因为冷锅鱼的汤色红亮，鱼片雪白可人，入口鲜香细嫩，使得"锅冷鱼烫，吃着舒畅"的冷锅鱼名声远播。

就这样，一传十，十传百，三只耳冷锅鱼的名声不胫而走。顾客争相而来，门前常常坐满等候的客人。"最长的客人曾经等过三个小时"，刘总说，"对这些支持三只耳的客人，真是有一种感恩之情"。

南北火锅区别

重庆火锅和北京火锅最大的区别在于锅。北京人吃火锅喜欢古老的铜锅，上面有放炭的小高炉，而重庆火锅则是下面加热，锅也普遍是不锈钢的。北京火锅是涮的，而重庆火锅是煮的。为了满足各种口味的人群，重庆火锅又演变出特色的鸳鸯火锅，红汤依旧是麻辣烫的老配方，而白汤则用鸡汤或骨头汤做料，时常加些去火的香料。

行业大忌成"法宝"

紧接着，三只耳迅速在成都接连开了五家分店，几乎开一家店就排队一家店。倪家桥大店开业后，原以为可缓解消费者排队压力，谁知道还是依然如故。甚至在"非典"期间，餐饮普遍低迷的情况下，三只耳还在排队。

虽然说"独木难成林，万木才是春"。开酒店最好选择一个酒店云集的地方，但是在同一条街或者相隔不远的地方开两家一模一样的店，却是酒店选址的大忌。因为这样不仅会削弱自己的势力，还会分割自己的客源。但是"三只耳"的成功却打破了这一传统的定律。三只耳的天祥店与玉双店相距不到50米远；倪家桥总店与玉林店相隔不到800米远，店与店之间挨得如此近，而且卖的是相同的东西，但这些店照样天天排队，让业内人士看得目瞪口呆！

独特的火锅理念，使三只耳的生意出奇的好，每天都有排队等候就餐的客人，两家距离不远的店面不仅方便各店之间互通情况，还减

少了单店的压力。还成为三只耳解决客人排队等位的一大法宝。

　　不知不觉间，三只耳已在翻新换代极为频繁的成都扎根七年了，打破了"特色餐饮三年论"，而且七年来天天排队，这在餐饮业近20年历史上极为罕见。通过数年的实战积淀和激烈的市场竞争的洗礼，三只耳在全国餐饮市场竞争最为激烈的成都市场站稳之后，在2005年厚积薄发，制定了全国市场范围内的连锁店网络布点计划，高峰时期曾以平均每周开一家店的速度迅速拓展，如今70多家连锁网络延伸南至广东，北至黑龙江，西到新疆，东到浙江，覆盖了中国大部分城市和地区。而且不断接到来自美国、法国、新加坡、泰国、香港、台湾等国家和地区的合作邀请。

第三节　解读三只耳

品牌介绍

火锅吃法

　　吃火锅的经验应是先荤后素，烫食时汤汁一定要滚开，要全部浸入汤汁中烫食；其次是调节麻辣味，方法是：喜麻辣者，可从火锅边上油处烫食；反之则从中间沸腾处烫食；再次就是吃火锅时，必须配一杯茶，以开胃消食，解油去腻，换换口味，减轻麻辣之惑。

　　自上世纪90年代三只耳创立至今已逾十年。三只耳创始人聂志伟先生西北医学院毕业后分配到医院工作。他在从事中医事业的同时喜欢研究各种膳食对人体的保健作用，他根据中医辨证施治的原理，结合"医食同源"的传统养身文化，经过多年潜心研究、反复实践，于1998年在中国首创了冷锅鱼这一新的火锅品种。在成都成华区天祥街创立了三只耳火锅，并于2002年成立了成都三只耳火锅连锁有限公司。

　　上世纪90年代，正值传统的牛油火锅盛极之时，聂志伟先生从健康养身角度悄然推出了纯清油的冷锅鱼。在吃火锅普遍不烫鱼的背景下做鱼主题，在火锅都是点火涮烫的传统方式下首次将川菜烹饪精髓移形换影

地融入冷锅鱼之中，兴起一种在厨房做好端上桌就可以吃，吃完再点涮其它菜品的冷锅食尚，在人人都用红花椒烹制锅底的情况下使用青花椒，并把青花椒吃得身价倍增。三只耳曾被业内人士认为是"逆流而上"的另类特色餐饮。

"三只耳首创冷锅鱼"，其汤料口感独特，味型丰满、麻、辣、鲜、香、嫩、滑、爽，层次分明，在原料选择、制作工艺上自成一派，有着"锅冷鱼烫，吃着舒畅"之特色，所用汤料和菜品全系绿色无公害产品，深受各地消费者喜爱，在成都地区创下了十年排队的餐饮奇迹。

目前集团旗下拥有成都三只耳火锅连锁有限公司；以中餐为主的北京三只耳餐饮有限公司；以足疗养生为主的足之驿保健有限公司；以食品加工和物流配送为主的配送中心；以产品创新为主的技术研发中心。同时还控股、参股房地产、食品加工、休闲娱乐等多家公司。在全国拥有155家连锁店。继2007年5 000平方米的大型复合餐饮旗舰店成功登陆北京后，2009年三只耳火锅精品店又亮相北京，掀起了又一轮冷锅鱼热潮。近期，上海、台湾、新加坡、美国等地的合作正在筹备和谈判中。三只耳正以崭新的面貌向着多元化、规模化、品牌化、国际化的方向不断前进。

> **涮羊肉来源**
>
> 据说起源于元朝。忽必烈一次打仗，在击败敌人以后命令厨师杀羊做饭，结果刚把水烧开，敌人就来反击，情急中厨师就将羊肉在热水中涮过后，加上盐、葱花等调料给忽必烈吃，没想到忽必烈吃了特别高兴，顺利打败敌人。回来问厨师这道菜的名字，厨师称为涮羊肉。

价值战PK价格战

刘冀虹总经理认为，仅在菜品这一个点上做得很优秀，不一定就能成功，但反过来看，一个成功的企业，在包括菜品在内的很多点上一定是优

秀的。三只耳要做的是"不仅留住客人的嘴，更要留住客人的心；不仅做产品，更要做品牌。"最终只有在管理体系和团队建设上狠下工夫，才能真正构建起企业在"品牌、文化和人才"方面的核心竞争力。由此，三只耳经历了从草创时的"产品导向"朝"市场导向"的转化，完成了从"单纯的盈利导向"朝着"经济和社会价值的平衡创造导向"的转化，注重营造企业与"消费者"、"员工"、"客人"、"供应商"等相关群体的和谐关系，构建起和谐的利益群，发展成为一个集餐馆连锁经营管理、产品研发、品牌运营等为一体的餐饮企业。

在人人谈连锁，谈扩张的同时，一些企业因为扩张速度太快，自身准备不充分，对盟主与加盟商之间的关系缺乏正确长远的认识，对连锁运营的整体掌控力不足等原因，使加盟陷入困境。加盟商也常常抱怨：加盟的时候盟主所做的承诺得不到兑现；总部对分店的经营管理支持力度不够甚至不闻不问，任其自生自灭；总部因为缺乏远程管理的技术支持和经验，对加盟店的当地市场不了解，常常出错主意，帮倒忙。在这样的背景下，三只耳在思考——"开店率"和"成功率"哪个更重要的问题。

对此，他们有自己独到的见解——建样板店。开店率大，可以迅速扩展门店网络，形成规模优势，从而产生成本和资源共享优势，加大分店的竞争力，促进成功率。而分店的成功率又能对更多的投资人产生样板效应，从而促进开店率，样板店的意义就是在各个局部区域内展示出能体现三只耳标准的管理，体现出门店在当地化竞争力。为了持续性支持样板店运作，三只耳总部调集大量管理精锐团队派驻试点区域，以样板店为依托，建立区域小总部，对区域化市场分店实施针对性管理。

此外，三只耳公司还以成都直营店为试点，推出以5S管理和精细化

管理举措。打造出一种成熟模式,让各地的样板店受益,让各店的加盟店受益。

所谓5S就是整理、整顿、清扫、清洁、教育五个词。简言讲就是"从小事做起,认真、讲究地做好每件事"。它的含义为清理:把工作场所内不要的东西坚决清理掉;整理:把工作场所内所有的物品保持整齐有序的状态,并进行必要的标识,杜绝乱堆乱放、物品混淆,该找的东西找不到等无序现象的出现;清洁:使工作环境及设备、仪器、量具、材料等始终保持清洁的状态;维持:养成坚持的习惯,并辅以一定的监督检查措施;素养:树立讲文明,积极敬业的精神,如尊重别人、爱护公物、遵守规则,有强烈的时间观念等。

> ## 鱼的营养价值
>
> 鱼不仅营养丰富,而且美味可口。古人有"鱼之味,乃百味之味,吃了鱼,百味无味"之说。老祖宗造字,就将"鲜"字归于"鱼"部,而不入"肉"部,将鱼当作"鲜"的极品,因此,鱼历来成为人们喜爱的食品。鱼不但味道鲜美,还对人体有多种保健功能。

在直营店推行"5S"的好处在于:第一、改善了店里脏乱差的环境,提高设备利用率,精简无效劳动,减少失误,减少安全隐患。第二、改善员工的思维过程,改变旧传统习惯,使员工做到日记化,透明化,集中化,改善化,教育化,养成良好的习惯,培养为他人服务的精神。第三、保证产品质量降低消耗,减少浪费,为顾客着想,提高团队精神,培养员工管理及专业技能。比如:在服务员的备餐柜中贴示物品摆放的指导标签,盘、碟、用具等各有位置,各归其位,不得乱拿乱放。厨房的各类刀具、器皿的摆放都有标签指示,明确摆放位置。这种管理方式还被推广到配送中心,物资有存放架,按区位、范畴进行标示,使整个操作现场一目了然。

研发+推广+储备

三只耳不仅善于吸收同行的经验,还经常跨行业"学习"。他们在经营中发现IT业在产品策略上有几个非常有创建性的举措。第一,技术储备。它可以储备到未来十年的前瞻性技术,由此,有计划地引导技术发展;第二,定期升级。由于有了技术储备,它会在合适的阶段和时间周期内,对产品进行更新,提升技术水准。这样就形成一波接一波的生命律动,生生不息,循环无终。这点给了三只耳很大的启示,三只耳提出了"研发一代、推广一代、储备一代"的策略,"研发一代"指在某样产品正处于市场接受的鼎盛时期,三只耳的换代产品即已处于研发阶段;"推广一代"指新产品接替原来的老产品;"储备一代"指在换代产品的推广进程中,更新一代的产品已经进入研发程序,并开始小面积试推,为产品下一步全面进入市场做好提前的准备。

> **吃鱼防衰老**
>
> 德国历史上有位很出名的宰相叫俾斯麦,他长年暴饮暴食,又过量吸烟,在他68岁时,身体已衰弱不堪,满脸的皱纹,眼珠混浊无光,好像死神在向他招手。可是后来他听了医生的话,每天食用鲱鱼,不久,奇迹出现了:他皮肤红润、眼睛明亮、精神饱满,一直健康地活到83岁。

此外,三只耳还有节律地对冷锅鱼产品进行升级,从味型拓展、产品形式拓展、原材料拓展方面做了大量工作,不断给消费者新的感觉,不断细分产品,春夏秋冬各有针对性的升级产品呈现给消费者,延续产品的生命周期。

中央机制　实现"热传递"

中央厨房是三只耳为统一和稳定口味,将保证三只耳独有口味的菜品的核心技术集中到中央厨房,生产出成品化和半成品化的产品后再通过中央物流体系对各个连锁店实行按需配送。这样不但保证了口味的统一和稳定,而且节约了生产成本和管理成本。让各个连锁店都可以共享中央厨房的支持,从而在分店层面可以尽量简化操作,从而也降低了各个分店的管理成本和人工成本。

中央企划是总部通过相关部门把各

个片区的市场信息进行集约化处理和分析。对分店的营销工作和管理工作做出指导和支持。中央企划工厂将各个分店在经营中要用到的传播文稿、设计图、策划案等作为智力产品进行集中"生产",通过网络发送到全国任何一家分店。从而使一个智力班子为整个体系服务。让各个连锁店能够共享到来自总部的智力支持和智力产品支持。在行动上,既有统一性,也有灵活性。

获得荣誉

在不断引导特色火锅美食潮流的发展历程中,三只耳赢得了万千顾客的好评和信赖,获得了众多殊荣和赞誉,被业界和媒体誉为"成都餐饮业的奇迹"。"三只耳"先后获得了"中国餐饮100强"、"中国名火锅"、"中国川菜畅销品牌"、"全国绿色餐饮企业"、"四川省优秀餐饮企业"、"四川省知名餐饮企业"、"四川省知名火锅"、"最具魅力餐饮名店"、"美食文化金奖"、"最具市场推广价值奖"等多项荣誉。

第五章　从5块钱生意到25亿

> **人物传奇**
>
> 　　一个没上过一天学、仅会写自己名字的农村妇女，连文件都看不懂，白手起家，居然在短短的6年间，从一间路边小吃店到一个年销售收入14亿元的企业，从饭前的开胃小食到如今中国辣椒第一品牌，她把小小的辣椒做成和茅台一样级别的品牌，她把贵州的辣椒销往三十多个国家，她改变了中国人的饮食习惯。她在最艰难的时候依然关心着学生，她的老干妈，是无数在他乡的贵州人，聊慰乡愁的寄托。

第一节　走近人物

个人简介

　　陶华碧，女，汉族，1947年出生，籍贯贵州省湄潭县，老干妈麻辣酱创始人。任贵州省人民代表大会代表、贵阳市政治协商委员会常务委员、贵阳市南明区政治协商委员会副主席、贵阳南明老干妈风味食品有限责任公司董事长、贵阳南明春梅酿造有限公司董事长等职。

获得荣誉

　　陶华碧曾先后获贵阳市南明区"巾帼建功标兵"，贵阳市南明区"创卫先进工作者"，贵阳市"巾帼建功标兵"，贵阳市"两个文明"建设服务先进个人,贵州省"三八"红旗手,全国"巾帼建功标兵",全国杰出创业女性,中国百名优秀企业家,全国"三八"红旗手等荣誉称号。

个人履历

陶华碧出生于贵州省湄潭县一个偏僻的山村,1989年,她用省吃俭用积攒下来的一点钱,在贵阳市南明区龙洞堡的一条街边,用四处捡来的砖头盖起了一间房子,开了"实惠餐厅",专卖凉粉和冷面。为了佐餐,她特地制作了麻辣酱,专门用来拌凉粉,结果生意十分兴隆。后来,她看准了麻辣酱的潜力,从此潜心研究起来。经过几年的反复试制,她制作的麻辣酱风味更加独特。

1996年7月,她借南明区云关村委会的两间房子,招聘了40名工人,办起了食品加工厂,专门生产麻辣酱。1997年6月,"老干妈麻辣酱"经过市场的检验,在贵阳市稳稳地站住了脚。1997年8月,"贵阳南明老干妈风味食品有限责任公司"正式挂牌。陶华碧把公司的管理人员轮流派往广州、深圳和上海等开放城市,让他们去考察市场,到一些知名企业学习先进的管理经验。派出去的管理人员陆续回来后,很快就使公司逐步走上了科学化管理的道路。

第二节 从卖米豆腐开始自己的经商生涯

无心插柳柳成荫

陶华碧由于家里贫穷,从小到大没读过一天书。20岁那年,陶华碧嫁给了贵州206地质队的一名地质普查员,但没过几年,丈夫就病逝了。扔下

了她和两个孩子。为了生存,她去外地
打工和摆地摊。丈夫病重期间,陶华碧
曾到南方打工,她吃不惯也吃不起外面
的饭菜,就从家里带了很多辣椒做成辣
椒酱拌饭吃。经过不断调配,她做出一
种"很好吃"的辣椒酱,这就是现在"老
干妈"仍在使用的配方。

> ### 老干妈的由来
> 陶华碧在街边开始卖凉粉和冷面,小本生意充满艰辛,她却乐善好施,时常接济附近一所学校的一名贫困生,感激之下,这名学生叫她"干妈"。久而久之,周围的人们也都亲切地叫她"老干妈"了。

　　1989年,陶华碧用省吃俭用积攒下来的一点钱,在贵阳市南明区龙洞堡的一条街边,用四处捡来的砖头盖起了一间房子,开了个简陋的餐厅,取名"实惠餐厅",说是个餐厅,其实就是她用捡来的半截砖和油毛毡、石棉瓦搭起的路边摊而已,餐厅的背墙就是公干院的围墙。"为了佐餐,她特地制作了麻辣酱,专门用来拌凉粉,结果生意十分兴隆。

　　有一天早晨,陶华碧起床后感到头很晕,就没有去菜市场买辣椒。谁知,顾客来吃饭时,一听说没有麻辣酱,转身就走。这件事对陶华碧的触动很大。她一下就看准了麻辣酱的潜力,从此潜心研究起来。经过几年的反复试制,她制作的麻辣酱风味更加独特。很多客人吃完凉粉后,还买一点麻辣酱带回去,甚至有人不吃凉粉却专门来买她的麻辣酱。后来,她的凉粉生意越来越差,而麻辣酱却做多少都不够卖。

　　一天中午,她的麻辣酱卖完后,吃凉粉的客人就一个也没有了。她关上店门,走了十多家卖凉粉的餐馆和食摊,发现他们的生意都非常好。原来就因为这些人做佐料的麻辣酱都是从她那里买来的。第二天,她再也不单独卖麻辣酱。

　　货车司机们的口头传播显然是最佳广告形式,"龙洞堡老干妈辣椒"的名号在贵阳不胫而走,很多人甚至就是为了尝一尝她的辣椒酱,专程从市区开车来公干院大门外的"实惠饭店"购买陶华碧的辣椒酱。对于这

些慕名登门而来的客人，陶华碧都是半卖半送，但渐渐地来的人实在太多，她感觉到"送不起了"。1994年11月，"实惠饭店"更名为"贵阳南明陶氏风味食品店"，米豆腐和凉粉没有了，辣椒酱系列产品开始成为这家小店的主营产品。

尽管调整了产品结构，但小店的辣椒酱产量依旧供不应求。龙洞堡街道办事处和贵阳南明区工商局的干部开始游说陶华碧，放弃餐馆经营，办厂专门生产辣椒酱，但被陶华碧干脆地拒绝了。

陶华碧的理由很简单："如果小店关了，那这些穷学生到哪里去吃饭"。"每次我们谈到这个话题的时候，她都是这样说，让人根本接不下去话，而且每次都哭得一塌糊涂"，时任龙洞堡街道办事处副主任的廖正林回忆当时的情景说。

众人呼吁办厂

让陶华碧办厂的呼声越来越高，以至于受其照顾的学生都参与到游说"干妈"的行动中。

经过一段时间的筹备，陶华碧舍弃了苦心经营多年的餐厅，1996年7月，她租借南明区云关村委会的两间房子，招聘了40名工人，办起了食品加工厂，专门生产麻辣酱，定名为"老干妈麻辣酱"。作坊时代的"老干妈"虽然产量很小，但光靠龙洞堡周边的凉粉店已经消化不了，她必须开拓另外的市场。陶华碧第一次感受到经营的压力。

陶华碧用了一个"笨办法"：她用提篮装起辣椒酱，走街串巷向各单位食堂和路边的商店推销。

一开始，食品商店和单位食堂都不肯接受这瓶名不见经传的辣椒酱，陶华碧跟商家协商将辣椒酱摆在商店和食堂柜台，卖出去了再收钱，卖不出就退货。商家这才肯试销。不过一周的时间，那些试销商便纷纷打来电话，让她加倍送货；她派员工加倍送去，很快就脱销了。1997年6月，"老干妈麻辣酱"经过市场的检验，在贵阳市稳稳地站住了脚。而且有冲出贵阳的势头。陶华碧心想：水深水浅都试出来了，我"老干妈"还怕什么？老话不是说要"趁热打铁"吗？索性，我扩大规模，把工厂办成公司得了！

辣椒酱

辣椒酱以四川为多，有油制和水制两种。油制是用芝麻油和辣椒制成，颜色鲜红，上面浮着一层芝麻油，容易保管；水制是用水和辣椒制成，颜色鲜红，不易保管。

1997年8月，"贵阳南明老干妈风味食品有限责任公司"成立，工人增加到200多人。

"不给瓶子我就不走"

刚刚成立的辣酱加工厂，是一个只有40名员工的简陋手工作坊，没有生产线，全部工艺都采用最原始的手工操作。

"老干妈"员工回忆说，当时捣麻椒、切辣椒是谁也不愿意做的苦差事。手工操作中溅起的飞沫会把眼睛辣得不停地流泪。陶华碧就自己动手，她一手握一把菜刀，两把刀抡起来上下翻飞，嘴里还不停地说："我把辣椒当成苹果切，就一点也不辣眼睛了，年轻娃娃吃点苦怕啥。"

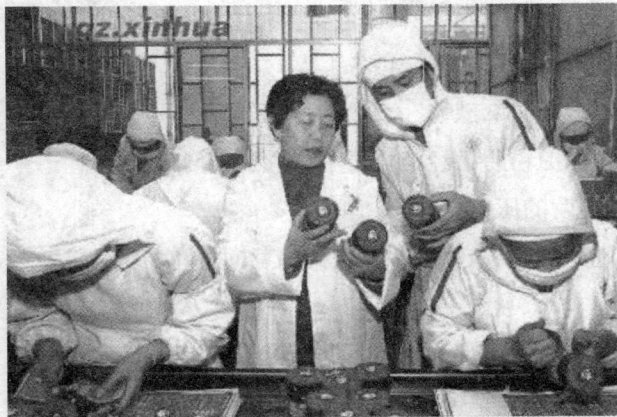

在老板的带头下,员工们也纷纷拿起了菜刀"切苹果"。而陶华碧身先士卒的代价是肩膀患上了严重的肩周炎,10个手指的指甲因长期搅拌麻辣酱现在全部钙化。

很快陶华碧发现,她找不到装辣椒酱的合适玻璃瓶。她找到贵阳市第二玻璃厂,但当时年产1.8万吨的贵阳二玻根本不愿意搭理这个要货量少得可怜的小客户,拒绝了为她的作坊定制玻璃瓶的请求。

面对贵阳二玻厂长,陶华碧开始了她的第一次"商业谈判":"哪个娃儿是一生下来就一大个哦,都是慢慢长大的嘛,今天你要不给我瓶子,我就不走了。"她没有文化,就一心研究技术。卖米豆腐时,她做的米豆腐可以下锅炒,做辣椒调味品,总是比别人的产品口味独特,比别人的香。由于"香",由于"香辣结合",老干妈的产品已经覆盖除台湾省以外的全国各地,并远销欧盟、美国、澳大利亚、新西兰、日本、南非、韩国等20多个国家和地区。一举改变了辣椒产品局限于嗜辣地区的传统。在产品开发方面,陶华碧依然是公司的"技术总监",她不喝茶,不喝饮料,是为了保持灵敏的味觉和嗅觉。

软磨硬泡了几个小时后,双方达成了如下协议:玻璃厂允许她每次用提篮到厂里捡几十个瓶子拎回去用,其余免谈。陶华碧满意而归。

当时谁也没有料到,就是当初这份"协议",日后成为贵阳第二玻璃厂能在国企倒闭狂潮中屹立不倒,甚至能发展壮大的唯一原因。

辣椒酱适合人群

一般人群均可食用。1.适于消化不良、寒性胃痛、风湿痛、腰肌痛等病症人群食用;2.目疾、食管炎、胃肠炎、胃溃疡以及痔疮等患者忌食;火热病症或阴虚火旺、高血压病、肺结核病的人也应慎食。

　　"老干妈"的生产规模爆炸式膨胀后,合作企业中不乏重庆、郑州等地的大型企业,贵阳二玻与这些企业相比,并无成本和质量优势,但陶华碧从来没有削减过贵阳二玻的供货份额。现在"老干妈"60%产品的玻璃瓶都由贵阳第二玻璃厂生产,二玻的4条生产线,有3条都是为"老干妈"24小时开动。

　　无论是收购农民的辣椒还是把辣椒酱卖给经销商,陶华碧永远是现款现货,"我从不欠别人一分钱,别人也不能欠我一分钱"。从第一次买玻璃瓶的几十元钱,到现在日销售额过千万始终如此。"老干妈"没有库存,也没有应收账款和应付账款,只有高达十数亿元的现金流。

儿子舍弃金饭碗助母亲创业

　　自从公司成立以来陶华碧要做的不再仅仅是带头剁辣椒,财务、人事各种报表都要她亲自审阅,工商、税务、城管等很多对外事务都要应酬,政府有关部门还经常下达文件要她贯彻执行。除此之外,她还经常要参加政府主管部门召开的各种会议,有时还受命上台发言。

　　从部队转业到206地质队汽车队工作的长子李贵山得知她的难处后,就主动要求辞职来帮母亲。虽然此时的陶华碧已是小有名气的生意人,但她还是觉得李贵山辞掉"铁饭碗"来帮助她是"秀才落难",故极力反对,无奈之下,李贵山只能"先斩后奏",先辞掉工作才找到陶华碧,成为"老干妈"的第一任总经理。

　　有高中文化的李贵山,帮陶华碧做的第一件事是处理文件。一个读,一个听。听到重要处,陶华碧会突然站起来,用手指着文

件说:"这个很重要,用笔划下来,马上去办。"

陶华碧的记忆力和心算能力惊人,财务报表之类的东西她完全不懂,"老干妈"也只有简单的账目,由财务人员念给她听,她听上一两遍就能记住,然后自己心算财务进出的总账,立刻就能知道数字是不是有问题。

只认识三个字的企业家

需要签字的文件,陶华碧就在右上角画个圆圈——这是她从电视里看来的。李贵山觉得这样很不安全,他在纸上写下"陶华碧"三个大字,让母亲没事时练习。陶华碧对这三个字看了又看,一边摇头,一边为难地感叹:"这三个字,好打脑壳哦(贵阳话:太难了)!"但为了写好自己的名字,她像小孩子描红一样一笔一划地整整写了三天。

有人问她练字的感受,陶华碧用她的"特色语言"总结说:"比剁辣椒难、比剁辣椒难"。三天后,当她终于"描"会了自己的名字时候,高兴得请公司全体员工加了一顿餐。

直到现在,"陶华碧"是陶华碧认识的仅有3个字。

没有吃不了的苦

陶华碧是从卖米豆腐开始自己的经商生涯的。每天,陶华碧背着装满米豆腐的背篼,从家里坐车到龙洞堡,由于背篼占地方,中巴车经常不愿意让她上车。上车下车时,陶华碧还得请人家帮忙把背篼背上肩。晚上,陶华碧在家里做米豆腐,由于常年接触做米豆腐的原料石灰,她的双手一到春天,还会脱皮。

奇特的管理模式

1997年8月,"贵阳南明老干妈风味食品有限责任公司"正式挂牌,工人扩大到200多人。此时,对陶华碧来说,最大的难题并不是生产方面,而是来自管理上的压力。工厂扩大后,一切都要走上正规,各种规章制度要出台,财务、人事各种报表都要她亲自审阅,特别是工商等政府部门经常下达文件要她贯彻执行;她还要经常参加政府主管部门召开的各种会议,

准备讲话稿上台发言。所有这些,对于没文化的陶华碧来说,简直就是"赶鸭子上架"。于是,陶华碧按照自己朴素的感情,制定了择人标准:忠厚老实,吃苦耐劳,能把工作当成自己的事,能把公司当成自己的家。

1998年,在李贵山的帮助下,陶华碧制定了"老干妈"的规章制度。理财周报记者没能得到这份制度的原文,所谓的规章制度其实非常简单。只有一些诸如"不能偷懒"之类的句子,更像是长辈的教诲而非员工必须执行的制度。

就靠这样一套如美国宪法般没改过一个字的简单制度,"老干妈"11年来始终保持稳定,公司内部从来没有传出过什么问题。

"陶华碧有自己的一套,你可以叫作'干妈式管理'。"贵州大学讲师熊昉曾作为记者多次采访过陶华碧,他说:"比如龙洞堡离贵阳市区比较远,附近也没什么吃饭的地方,陶华碧决定所有员工一律由公司包吃包住。从当初200人的小厂开始,'老干妈'就有宿舍,一直到现在2000人,他们的工资福利在贵阳是顶尖的。"

> **辣椒酱营养(一)**
> 1. 解热镇痛:辣椒辛温,能够通过发汗而降低体温,并缓解肌肉疼痛,因此具有较强的解热镇痛作用;2. 预防癌变:辣椒的有效成分辣椒素是一种抗氧化物质,它可阻止有关细胞的新陈代谢,从而终止细胞组织的癌变过程,降低癌症细胞的发生率。

除此之外,陶华碧还一直坚持她的一些"土原则":隔三差五地跑到员工家串门;每个员工的生日到了,都能收到她送的礼物和一碗长寿面加两个荷包蛋;每当有员工出差,她总是像送儿女远行一样,亲手为他们煮上几个鸡蛋,一直把他们送到厂门口坐上车后才转身回去。果然,这种亲情化的"感情投资",使"老干妈"公司的凝聚力日益增强。在员工的心目中,陶华碧就像妈妈一样可亲、可爱、可敬;在陶华碧的公司,没有人叫她董事长,全都叫她"老干妈"。公司2000多名员工,她能叫出60%的人名,并记住了其中许多人的生日,每个员工结婚她都要亲自当证婚人。

公司的员工来自五湖四海,生活习惯各异,他们每天吃、住、工作、生活在公司,时间久了,互相间难免发生摩擦,但只要陶华碧一出面,问题就迎刃而解。贵州过年过节时，有吃狗肉的习俗，陶华碧特地建了个养狗场，长年累月养着80多条狗，每到冬至和春节就杀狗供全公司会餐。

除了"干妈式"管理之外，陶华碧在公司结构设置上也有自己的特色。"老干妈"没有董事会、副董事长、副总经理，只有5个部门，陶华碧下面就是谢邦银和王武，一个管业务，一个管行政。谢邦银笑称自己就是个"业务经理"，因为总要扑到一线拼命。

1998年开始，陶华碧把公司的管理人员轮流派往广州、深圳和上海等地，让他们去考察市场，到一些知名企业学习先进的管理经验。她说："我是老土，但你们不要学我一样，单位不能这样。你们这些娃娃出去后，都给我带点文化回来。"

> **辣椒酱营养（二）**
>
> 1.增加食欲、帮助消化：辣椒强烈的香辣味能刺激唾液和胃液的分泌，增加食欲，促进肠道蠕动，帮助消化；2.降脂减肥：辣椒所含的辣椒素，能够促进脂肪的新陈代谢，防止体内脂肪积存，有利于降脂减肥防病。

2005年，李贵山离开总经理岗位，总经理职位空悬了一阵后，时隔不久，她招聘了具有本科学历的王海峰。本来，她招聘王海峰的目的，是想让他当办公室主任，但她却没有马上任命，而是先让他在公司里做杂活，然后，她又派他到全国各地去打假、考察市场，这一招用她的话说："是磨练"，半年后，她才任命他作办公室主任。王海峰后来成为"老干妈"公司里的第三号人物。职业经理人王海峰上任，现任总经理谢邦银时任总经理助理。

"老干妈"的管理团队，大概是中国目前大型企业中最神秘的一支，陶华碧对他们的一个要求就是不能接受外界采访。坊间对这支团队的评价大致为：忠诚、勤勉、低调。

创业坚持不贷款

2001年，为了进一步扩大规模，陶华碧准备再建一处厂房。当时，公司大部分资金都压在原材料上，有人建议她找政府寻求帮助。南明区委很重

视,立即协调建行给她贷款。协调好以后,区委办给她打来电话,让她到区委洽谈此事。

陶华碧带上会计来到区委,乘电梯到区长办公室所在的三楼。因为电梯很旧,门已经坏了,陶华碧走出电梯时,一不小心被电梯门挂住了衣服跌倒在地。

陶华碧爬起来后,随行人员以为她要发火,谁知她却说:"你们看,政府也很困难,电梯都这么烂,我们不借了。"

随行人员还以为她是在开玩笑,她却叹了一口气,说:"我们向政府借钱,给国家添麻烦。真不借了,我们回去。"

创业期间,陶华碧从来没有和银行打过交道,唯一的贷款是在她发达之后,银行不断托人找上门来请她贷款,却不过情面才勉强贷的。贵阳市商业银行的一位工作人员说,陶华碧对他们说的最多的一句话是:"你们就是想找我点利息钱嘛。"

不用名片的董事长

随着市场竞争日趋激烈,陶华碧把公司的管理人员轮流派往广州、深圳和上海等开放城市,让他们去考察市场,到一些知名企业学习先进的管理经验。派出去的管理人员回来后,很快就使公司走上了科学化管理的道路。陶华碧办事风风火火、自信。有一次,一位香港客商来"老干妈"公司考察,他对陶华碧十分敬佩,拿出自己的名片想和她交换。而陶华碧微微一笑,说:"对不起,我不用名片。"那位客商感叹道:"您是我见过的唯一没有名片的董事长。"陶华碧自信地说,"老干妈麻辣酱"行销于中国各地,"老干

辣椒的好处

吃青椒能预防胆结石。青椒含有丰富的维生素,尤其是维生素C,可使体内多余的胆固醇转变为胆汁酸,从而预防胆结石,已患胆结石者多吃富含维生素C的青椒,对缓解病情有一定作用。

妈"就是最好的名片。据2011年统计,"老干妈"公司累计产值达31亿元,3年间共缴税8亿,平均每年纳税2.6亿元,名列中国私营企业50强排行榜的第5名。

三年维权路

随着企业不断发展,"老干妈"品牌广为人知。但是,"人怕出名猪怕壮"。东西好卖了,仿冒自然而然就出现了。

"老干妈"创立初期,李贵山就曾申请注册商标,但被国家工商总局商标局以"'干妈'是常用称呼,不适合作为商标"的理由驳回。这给了仿冒者可乘之机。全国各地陆续出现50多种"老干妈",陶华碧开始花大力气打假。派人四处卧底调查,每年拨款数百万元成立了贵州民营企业第一支打假队,开始了在全国的打假。

但仿冒的"老干妈"就像韭菜一样,割了一茬又出一茬,特别是湖南"老干妈",商标和贵州"老干妈"几乎一模一样。

陶华碧这次犯犟了,她不依不饶地与湖南"老干妈"打了3年官司,从北京市二中院一直打到北京市高院,还数次斗法于国家商标局。此案成为2003年中国十大典型维权案例。

2000年8月10日,一审法院认定,贵阳老干妈公司生产的"老干妈"风味豆豉具有一定的历史过程,湖南老干妈构成不正当竞争,判决其停止使用并销毁在未获得外观设计专利权前与贵阳老干妈公司相近似的包装瓶瓶贴,并赔偿经济损失15万元。

这意味着两个"老干妈"可以同生共存。这是陶华碧无法接受的,她很快提起上诉。其间有很多人劝陶华碧放弃官司,

但陶华碧面对前来劝解的人就一句话："我才是货真价实的'老干妈'，他们是崴货（贵州话：假货），难道我还要怕崴货吗？"

最终陶华碧和湖南老干妈的官司，在两位黔籍官员：时任贵阳市市长孙国强和当时的中国"入世"首席谈判代表龙永图的极力斡旋下，贵阳老干妈终于打败了湖南的"老干妈"。2003年5月，陶华碧的"老干妈"终于获得国家商标局的注册证书，同时湖南"老干妈"之前在国家商标局获得的注册被注销。

孙国强现任贵州省副省长，"他能和陶华碧顺畅地交流，这是很不简单的。"贵州大学讲师熊昉告诉理财周报记者，"孙国强可以用非常直白的话把一些经济学的东西说的让陶华碧能听懂，还愿意照着做，陶华碧发展过程中作出的许多重要决定，可能都受过孙国强的影响。"

陶华碧几乎不和政府官员打交道，作为省市区三级共管企业，"老干妈"的二期工程竣工仪式上，孙国强作为并不分管"老干妈"有关工作的副省长仍然受邀到场。坊间传闻，只有他和龙永图是陶华碧愿意"买账"的人。

做老板，首先要会做人

老干妈最看重的，是自己的名声。刚刚开始卖豆豉辣椒时，她就用上了天平秤。2001年，有一家玻璃制品厂给"老干妈"公司提供了800件（每件32瓶）包装瓶。不料，使用这批包装瓶产品封口不严，漏油。一些对手企业马上利用这事攻击"老干妈"。一些管理人员建议："可能只是个别瓶子封口不严，把货追回重新封口就行了，不然损失太大。"陶华碧却果断决定追回后全部当众销毁。自从创办公司后，老干妈产品合格率一直保持着100%。

子子孙孙都要留在贵州

陶华碧在经营实惠饭店时,有一次,时任南明区区长的蒋星恒得知她在经营中遇到困难,专程去"微服私访"。

在饭店门口,蒋星恒对陶华碧说:"老干妈,你放心发展,有什么困难,我们帮助你。"陶华碧不知道来者是谁,还以为对方是个"菜农",奇怪地反问:"你是帮我抬呢还是帮我扛哦。"在老干妈公司的发展历程中,贵州省各级政府给予了大力的支持。

从贵州省领导的关心到贵阳市南明区领导亲自与公司人员奔赴打假第一线。在自身的努力和政府的支持下,老干妈公司已经成为继"贵州茅台"、"黄果树"、"贵州神奇"之后,贵州省又一张品牌。据统计,作为农业产业化国家重点龙头企业,公司在贵州省7个县建立了28万亩的无公害辣椒基地,形成了一条从田间延伸到全球市场的产业链。"老干妈"成名了,不断有其他省、市邀请她到外地办厂发展,提供了大量的优惠

> **他人评价**
>
> 娃哈哈贵州分公司一位渠道经理说:"有华人的地方,就有'老干妈',它最大的意义是提高了华人对辣椒的接受度和依存度,改变了华人的口味。"

政策,陶华碧都拒绝了。她说:子子孙孙都要留在贵州发展,要在贵州做大做强,为贵州争光。

第三节 老干妈品牌

企业简介

陶华碧老干妈牌风味豆豉油制辣椒是贵州的风味食品。几十年来,一直沿用传统工艺精心酿造,具有优雅细腻,香辣突出,回味悠长等特点。是居家必备,馈赠亲友之良品。1984年,陶华碧女士凭借自己独特的炒制技

术,推出了别具风味的佐餐调料——风味豆豉,令广大顾客大饱口福,津津乐道。1996年批量生产后,风味豆豉在全国迅速成为销售热点。

贵阳南明老干妈风味食品有限责任公司位于贵阳市南明区龙洞堡见龙洞路138号,成立于1996年,企业现拥有一栋多功能办公大楼及四个生产基地,占地2万多平方米,员工2 000余人,管理、技术人员246人。2011年老干妈公司产值突破30亿元,上缴各项税金3.8亿元,为地方经济的发展作出了应有贡献。老干妈公司是服务三农,带动农业发展的龙头企业。在全国65个城市建立了销售网络,产品已出口到美国、澳大利亚、加拿大、新西兰等30多个国家和地区。"老干妈"已发展成为全国知名企业,辣椒制品生产和销售的龙头企业。原本是贵州特色调味品的"老干妈",成了风味辣椒调味制品的代名词,成了全国和世界众多消费者佐餐、烹饪必备佳品。

品牌发展

自贵阳南明老干妈风味食品有限责任公司成立以来,在企业创始人陶华碧女士的带领下,全体老干妈企业的员工秉承"诚信为本,务实进取"的企业精神,通过九年的艰苦创业,企业已经发展成为全国知名企业、国家级农业产业化经营重点龙头企业。目前老干妈公司已形成日产量180万瓶辣椒制品的生产能力,主要生产风味豆豉、油辣椒、鲜牛肉末、水豆豉、风味腐乳等二十余个系列产品,是目前国内生产及销售量最大的辣椒制品生产企业。

公司在前进中不断规范企业内部管理,完善基础设施建设,持续加大技术改造力度,除新增生产能力外,对原有生产线进行技术改造,企业综合生产经营能力得到大幅提高。在管理上引入了现代化管理体系,并行之有效地组织实施,企业竞争能力和管理水平不断提升。在产成品和原辅料质量监控方面,公司建立了技术手段较为齐全的质量监控中心,提高并强化了原辅料及产成品的自检、自测能力,做到每批次产品都严格按操作规程要求生产,出厂前抽样送省内质量检测及食品检验的权威机构进行检测。

企业荣誉

几年来,由于企业质量管理体系的建立和质量管理工作高效地实施,使历年来产品的各项指标都达到国家卫生、质量标准,产品出厂合格率始终都位于同行业榜首。先后被授予"全国食品行业质量效益型先进企业"、"检验合格企业"、"全国乡镇企业质量管理先进单位"、"国家级农业产业化经营重点龙头企业"称号,并顺利通过了ISO9001:2000质量体系、ISO14001:1996环境管理体系,HACCP认证。产品"油辣椒"通过了"绿色食品"认证,"油制辣椒"系列食品获得"中国名牌"称号,并由公司作为标准的主要起草单位发布了国内首个"油制辣椒"国家标准。

第六章 商场儒将的传奇

　　有人说,文人骨子里是充满浪漫的,而商人则更喜欢用现实的眼光看待这个世界。这种矛盾的精神内涵似乎很难找到一个共同的载体,使一个人以两种不同的身份面对生活时同时取得成功。周颖南做到了。这位"一手拿算盘,一手拿笔杆"的现代儒商和文化奇才胼手胝足,砥砺奋斗,亦文亦商五十余年,开创了不平凡的人生之路。

第一节 走近人物

个人简介

　　周颖南,1929年7月生于中国福建仙游的一个书香门第。父亲子溪先生早年侨居印尼,后回故乡办教育,在当地极有影响。周颖南在家乡做过两年小学教师,其间,因酷爱巴金作品,曾学习创作短篇小说并在报刊上发表。1950年南渡印度尼西亚创业,1970年举家迁居新加坡。他是成功的海外华人企业家,目前他的公司已在新加坡、印尼雅加达、中国北京、成都等地投资创办二十余家餐厅,年经营额三千余万美元,并于2001年3月在新加坡股票交易所成功挂牌上市。

　　周颖南也是著名的海外华文作家、文艺理论家、鉴赏家,被誉为"南洋

一枝笔"、儒商代表。发表文学作品200多万字，出版文集多部，其中《映华楼随笔》日文版在日本出版发行，15卷本《周颖南文库》即将由北京师范大学出版问世。中国现代文学馆专门开辟了"周颖南文库"收藏其作品，他是获此殊荣的海外第一人。

身份简介

周颖南现任新加坡同乐饮食业集团、海洋纺织私人有限公司、中国武汉新民众乐园有限公司董事主席。兼任国际儒学联合会、世界中国烹饪联合会、中国企业文化促进会教育委员会顾问；世界华文文学家学会名誉顾问；新加坡华夏管理学院咨询委员会主席；中华民族文化促进会理事；亚太文化财富论坛名誉主席；亚太文化论坛报名誉社长；中国国立华侨大学、莆田学院董事；湖北开放大学名誉校长；北京大学学报基金会副理事长；南开大学台湾研究所特约研究员；厦门大学、北京师大近十所高校名誉教授。

文学作品

著述并发表了200多万字的文学作品，计有《周颖南文集》、《南国声华》、《南国情思》、《迎春夜话》、《颖南选集》以及《叶圣陶、周颖南通信集》、《俞平伯、周颖南通信集》、《刘海粟、周颖南通信集》等十几种文集问世，中国现代文学馆特辟有"周颖南文库"加以收藏，他成为获此殊荣的海外第一人；《20世纪中国散文英华》、《20世纪旅外华人散文百家》、《世界游记精选》、《20世纪中国新诗词典》

奇 人

如此之多的职务，其背后当然是他富有传奇性的经历。无怪乎北京大学季羡林老教授要叹曰："我生平还没有遇到一个既是企业家又是文学家的人，有之自周颖南先生始。在我眼中，周颖南先生是一个奇人，可以入'奇人传'的"。

等均选刊其作品。偶作书法,作品入选《20世纪国际现代书法篆刻家作品荟萃》并获"世界特别荣誉奖艺术家"称号。

第二节　一代儒商成功路

教育世家　印尼创业

1929年,周颖南(原名国辉)诞生在福建"画乡"仙游县鲤鱼镇一个教育世家。父亲周子溪,20年代时期追随其叔叔和姑丈,漂洋过海,曾在印尼泗水一家商店当过会计,又在华侨学校教过书,发表过文章。由于子溪先生立志毕生从事教育,因此,几年后稍有积蓄,便束装回国,在仙游"杨氏宗祠"创办了新式的振文学校,倾资倾力倾心教学,被乡人尊称为"仙游的陶行知"。

周颖南初中毕业后,中国进入抗日战争艰苦时期,周家侨汇断绝,父亲的月薪不够一家三口的温饱,颖南面临辍学。但他从母亲那里秉承了刻苦耐劳、人穷志不穷的美德,除了帮忙家务和耕作外,还以优秀成绩考入仙游师范学校,免费深造。毕业后,周颖南更以优等生的资格分配到仙游城西中心小学任教。在他的言传身教下,他所教导的班级成为公认的模范班级。

1949年颖南成家,初为人父。然而,他父亲却失业了,母亲给人帮佣。生活的重压,迫使周颖南不得不离开新婚不久的妻子和襁褓中的大女儿,重蹈父亲的老路,背井离乡,远走出洋。1950年秋,为了生计,年方20的周颖南,怀着前途未卜的心情,来到了印尼泗水,

在其父工作过的地方开始艰苦的创业。先是给人帮工,做过管理员、簿记员等。他白天在两家公司任会计、内勤;晚上努力学习印尼语。尝过"穷"滋味的周颖南清醒地认识到,要在异国他乡获得发展,必须去掉"书生气",付出艰苦的代价。为此,他从下层工作做起,逐步掌握企业管理经验,并开始扩展活动范围,广交朋友,钻研商业知识。

20世纪50年代的印尼,正处于从殖民地经济蜕变为民族独立经济的转型期。对于企业家来说,这正是一个谋求发展的天赐良缘。周颖南随即从泗水转移到已成为全国政治、经济、文化中心的雅加达。1956年,与友人合作,在雅加达创办了"同丰贸易公司",专门输入西欧、美国的汽车零件,并向苏门答腊和爪哇等地开拓市场,生意果然兴隆。初步奠定了事业基础。但头脑清醒的周颖南看到,此项汽车零件零售业在当时虽然颇为"吃香",但一旦市场饱和,便要陷入困境。

不久,他看准了金融业特别是银行业的兴衰是经济活动的晴雨表。于是,他说服他的好友,接办了在印尼有悠久历史的梭罗银行,以纯民族资本的姿态出现。他们刚一接手,便对银行进行改组,扩充经营业务。并创办了"彗星收音机装配

> **境界与抱负**
>
> 周颖南认为:"人生岁月有限,荣华富贵犹如过眼烟云。人生最可宝贵的,还是多做有益于世的事。"改造人生,服务人群,就是这位商海奇文人的境界与抱负。"路漫漫其修远兮",周颖南依然在他人生和事业的大道上不断地求索、迈进。

厂",从此,梭罗银行日渐兴旺,声誉鹊起。他们很快又在雅加达、泗水、玛琅增设分行,改为股份有限公司。与此同时,周颖南又大胆地把银行与企业挂钩并进,取得同步发展的经济效益。敢于开拓的周颖南开始在印尼工商界崭露头角,迈出了成功的一步。

然而,印尼风云骤变的政治局势,使他的事业遭到了严重的挫折。善于应变的周颖南,把目光转移到了经济开始突飞猛进的新加坡。

移民新加坡投身餐饮业

1970年,41岁的周颖南当机立断,举家迁移,到新加坡另辟天地,开始了第二次创业。

70年代初的新加坡,转口贸易、纺织业、服装业、炼油业等都蓬勃兴旺。周颖南紧紧把握住时机,最初投资国际纱厂、联洲油脂工业有限公司,先后担任了国际纱厂有限公司董事副经理、联洲油脂工业私人有限公司董事兼总经理,此外,他还任香港年年投资公司董事主席、马来西亚综艺机构董事等。后来,由于劳资密集,内部意见分歧,他立即采取措施,果断卖掉纱厂和油脂两个企业,后与友人合作创办海洋针织厂、染整厂及制衣厂。如今,“海洋”经现代化改装,发展成为海洋纺织有限公司,以出产高级布料为主。

周颖南总结了经验和教训,认识到办企业“最重要的是全体员工都要有积极性”,不仅自己要精通业务,合伙人、工作人员也一定要是精通业务的骨干。他为了生存下去,一次次改行,他就要一次次把这一行搞清楚,一次次从头学起。

自80年代开始,随着经济的日益繁荣,新加坡已成为一个名副其实的国际性大都会,是世界最大的中转港和最重要的商业金融中心之一,是花园式的旅游城市和新兴的国际美食名都。于是,周颖南把目光投向了餐饮业,他认定,这是一个发展潜力无限、有着光明前景的产业。

1980年,他向餐饮业进军,开了第一家餐厅——湘园酒楼。当时新加坡中餐业,风行粤菜、川菜等。经过深思熟虑,周颖南决定新餐厅以出品尚属冷门的湖南菜为主,另辟蹊径。

8座高档酒楼

喜爱诗词的周颖南,给每一座酒楼起了动听的名字:“金玉满堂”、“楼外楼”、“湘园”、“明珠”、“百乐”、“芳园”和“灵芝”(素菜馆)。他以独树一帜的经营作风和经营方式,使他的8座酒楼驰名东南亚,也使他在当地工商界成了名人。

湘园走的是高档路线,菜品、餐饮用具和服务俱为一流水准,整个环境设计则凸显中国传统文化特色。这为当时的新加坡中餐业带来一股爽朗的清风。

酸辣咸鲜、汁浓味厚的湘菜,征服了无数口味挑剔的食客。品味高雅的湘园文化更是令所有人耳目一新,尤其受到讲究情趣和风雅的名流、文人的钟爱,距离不远的新加坡国立大学的师生理所当然地成了座上常客,富商豪客也纷纷来一掷千金。到湘园吃饭,蔚为时尚。即使在经济不景气的恶劣环境下,一枝独秀的湘园依然终日宾客盈门。

湘园一炮打响,坚定了周颖南向餐饮业发展的决心。同乐酒家、芳园酒家先后开张,并从此一发而不可收拾,迅速成长为新加坡和印尼雅加达两地拥有近20家餐厅,出品包括中国各主要菜系,旁及素菜、日本菜以及极负盛名的"中西合璧"改良菜肴等,年经营额5000余万元新币的大型饮食业集团,具备了企业化经营的规模。成为新加坡最大、东南亚闻名的"同乐饮食业集团",2001年3月,同乐饮食业集团在新加坡股票交易所成功挂牌上市,正式成为大众公司。

商文结合,结出同乐饮食文化奇葩

周颖南经商兴文的一大成功创造,就是将文化与商业结合,发挥自己的两方面特长,结出了同乐饮食文化这朵奇葩。

文人开店,当然就要具有文人特点。周颖南一手创立的同乐饮食业集团,从第一家店湘园开始,就形成了一整套风貌独具的饮食文化特色。构筑在深厚文化底蕴之上,同乐企业处处洋溢出浓烈脱俗的文化品位。主题餐厅、文化餐厅、招牌店各具特色,湘菜、粤菜、京味菜、"新中华菜系"异彩纷呈,在同乐集团吃上一圈,就好像在作美食文化的巡礼。

以同乐集团的招牌店同乐酒家为例。这家店除了以鱼翅为代表的各

色佳肴名扬四方外，也是名副其实的艺术殿堂。这里陈列的艺术大师刘海粟的精心之作"泼墨花卉"，福建画坛宗师李耕、陈熏师合作的工笔重彩《十八学士登瀛洲图》，白雪石的《桂林山水》，孙信一的《武夷春色》，于非

文学作品

在经商同时，周颖南笔耕不辍，创作了大量的文学作品，著有《迎春夜话》《漪澜盛会》《南国情思》《周颖南文集》等作品。中国现代文学馆设有"周颖南文库"。

闇等人的扇面和上海四大名家唐云、朱屺瞻、应野平、俞子才的作品等，琳琅满目，瑰丽奇艳。而狮城国宝——诗文、书法双绝的潘受老人专门书写了"糟漓富贵几场醉，虚雉功名一掷呼"、"日长似岁闲方觉，事大如天醉亦休"的对联，字字珠玑，且道尽人生哲学。更令人称绝的，是俞平伯教授专为"同乐鱼翅酒家"（原店名）撰写的对联"鱼美酒香奚翅食重，宾筵家庆乐饮情同"，引经据典且巧妙地将店名嵌入联中。

文人开店，名家唱和，以文促商，文兴商茂，艺绝而食美，堪称一时之盛，在商海文坛两界都称得上创举！

现在，"同乐"旗下已有各类餐厅21家，每家都有独特、醒目的店面标识。

因在中华饮食发展方面作出的突出贡献，周颖南先后荣任新加坡酒楼餐馆业公会会长、顾问，世界中国烹饪联合会副会长、顾问、国际饮食文化研究会副会长，中国饮食文化博览馆名誉馆长、顾问等，并获得了新加坡传媒机授予的"金鼎奖"荣誉。

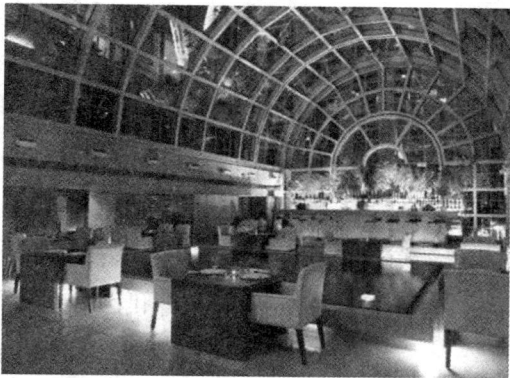

海外生活50载，周颖南一直割不断故国情缘，坚持不懈地在海外宣传、弘扬中华灿烂文化。

周颖南为实现他"服务社会，服务人群"的人生理想，依然在默默耕耘着。

第三节 同乐餐饮集团

集团简介

同乐集团由周颖南先生始创于1984年，高举弘扬中华饮食文化的大旗，在菜肴出品、餐厅经营等各个领域大胆变阵，出奇制胜。历经20年苦心经营，一步步发展为新加坡最大的中餐集团，跃居餐饮行业的龙头老大地位。2001年同乐股票在新加坡股票交易所成功挂牌上市。

集团品牌

经过二十几年的努力打造，同乐集团在本土分店已达22家，旗下品牌有【同乐经典】主营高档港式粤菜；【同乐海鲜】主营粤式·东南亚海鲜料理；【金玉满堂】·【百乐吉祥】主营宴会；【寒舍】·【寒舍一偶】·【新华俱乐部】主营新式中餐，中菜西做，西菜中做。【周庄】主营粤菜·粤式下午茶·上海菜·新马菜式；【老北京食堂】主营京菜，湘菜·上海菜·北京·天津两地地方小吃；【同乐品味】主营港式粤菜·上海菜·新概念川菜；【欣叶台菜】主营台湾菜；【灵芝素食馆】主营素食。集团在日本东京一家；中国北京、上海、武汉四家；印度新德里一家；印尼雅加达、棉兰六家。公司下属中央厨房两家，一家对外供应，一家供内需。

同乐集团一直以来都以不断创新、标新立异著称，几乎所创造的每个餐饮概念，都引人注目。由同乐首创的"新式中菜"，得到国际餐饮界广泛认同，如今已成为新加坡餐饮业发展主流，在改变新加坡中餐业的面貌过程中发挥了重要作用。

第七章　五张桌子起家的辣妹子

人物传奇

　　17年前,她以五张桌子起家,当时被唤作"田螺姑娘";她曾经用一道"辣子田螺"炒出了自己的餐饮王国,并很快让陶然居红遍全国;今天的她已经是打造中国川菜第一品牌、全省拥有79家分店的"餐饮航母"。当别人争相模仿大打价格战时,她却奇招迭出将对手远远抛在后面,她用智慧使自己免于混战,并最终将陶然居打造成"中国驰名商标"。

第一节　走近人物

个人简介

　　严琦,女,1967年11月生,汉族,重庆市巴南区鱼洞人,工商管理硕士学位,会计师。2003年5月加入民建。现任重庆陶然居饮食文化(集团)股份有限公司董事长,第十一届全国政协委员,第十一届全国青联常委,第十届全国妇代会执委,第九届民建中央委员,第十届全国工商联执委,中国青年群英会代表,第三届重庆市人大代表,首届全国十大三农致富榜样,重庆市城市形象推广大使,北京市青年企业家协会副会长,重庆青联执行主席,重庆市青年企业家协会执行会长,重庆市工商联副主席,重庆市工商联(总商会)餐饮商会会长,重庆市公安局、重庆市消防总队、重庆市质

量技术监督局特邀监督员，重庆市公共安全技术食品制造专家委员会委员。

被业内誉为"川菜第一家"的陶然居，掌舵者是位年轻的女老板——严琦。10年前，她凭借自创菜肴"辣子田螺"一举成名后，现已在全国开出93家分店。2003年，陶然居大举进军北京，并将此称为"第二次创业"，现在，陶然居在京的三家店生意红火。2009年，在重庆城市形象代言人评选活动中，被推选为城市形象推广大使。

人物生平

1987年3月—1994年5月任中国人民保险公司重庆市巴南区支公司会计。

1994年5月—1995年3月为创业作前期市场调研。

1995年3月至今任重庆陶然居饮食文化集团董事长。

2002年9月—2004年7月在重庆市工商大学工商管理专业学习，获硕士学位。

成就及荣誉

2002年获联合国妇女发展基金会论文一等奖。2004年被共青团中央授予"首届中国青年创业奖"。2005年被共青团中央授予"首届中国青年企业家管理创新奖"。2006年获中华全国总工会颁发的"全国女职工建功立业标兵"，获中共重庆市委、市政府授予的"振兴重庆争光贡献奖"，获中华全国妇女联合会颁发的"全国三八红旗手十佳标兵"，获全国统战系统"各民主党派、工商联、无党派人士为全面建设社会主义小康社会作贡献先进个人"称号。2007年获全国总工会"五一劳动奖状"、共青团中央授予的"中

国青年五四奖章"、中共重庆市委、市政府授予的"重庆直辖10年建设功臣"称号。陶然居饮食文化集团获国家商标总局认定的"中国驰名商标",商务部授予的"首届中国十大餐饮品牌企业",共青团中央授予的"中国青年创业实践基地"、全国总工会、国家劳动和就业保障部授予的"全国就业与社会保障先进民营企业"等上百个省市级荣誉。

第二节　田螺姑娘变餐饮国母

舍弃白领做生意

　　20世纪80年代,高中毕业后的严琦,进入了人民银行工作。1983年,严琦由人民银行调至保险公司做会计。这是一份令人羡慕的工作,在今天可以称得上是位"白领"。但是严琦却并不"安分"。1990年,喜欢唱歌的严琦,向朋友借款几万元,在巴南开了第一家夜总会,名字就叫"陶然居"。没想到,生意出奇的好,很快就火爆了一条街。

　　但是好景不长,红火的生意招来嫉妒,诸多麻烦找上门来,严琦只好关了夜总会。但是严琦创业的想法却越发强烈,终于在1995年,已经当了妈妈的严琦,辞掉了当时月薪就有一千多块的会计工作,在白市驿街边上开起了一家小饭馆。饭馆很小,只能摆5张桌子,饭馆有个响亮的名字"陶然居"。

　　严琦的选择遭到了全家人一致反对,在政府里工作的父亲甚至气得生病了,当时在重庆做餐饮是被人看不起的,放着

网站理念

　　陶然居不仅以弘扬民族餐饮文化、创立"百年老店"为己任,高举重庆菜的大旗,铸造凝聚民族文化的餐饮精品,引领中餐业的发展潮流,而且还以延伸餐饮产业链,积极参与社会主义新农村建设,构建社会主义和谐社会为己任,在吸纳农村转移劳动力、库区移民就业和城市下岗职工再就业方面做出了积极贡献。

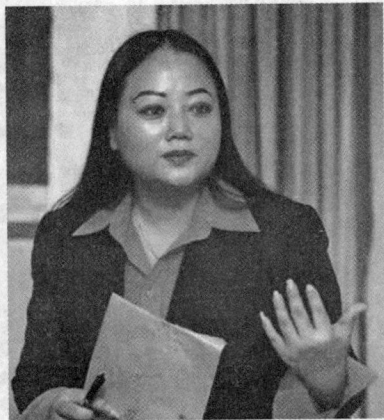

国家公务员的架子不端,跑去端盘子,大家都认为严琦晕了头。但倔强的严琦还是顶住了压力,毅然地踏上了创业路。白市驿镇的路边小店,俨然成了严琦事业的起点。她一边相夫教子,操持家务;一边起早贪黑,经营食店。小餐馆刚开业的时候非常艰难,白市驿那条街当时一个店都没有,马路尘土飞扬,到了晚上只有一盏灯,严琦的生意也不稳定,可能头一天赚上几百块钱,接下来一天一个人影都没有。

一些与她几乎同时开店的妇女或因吃不下那份苦,或因经营不善而相继关门,可严琦却咬着牙,以她特有的韧性,挺过来了。

开发新菜　一举成名

生意没有起色,严琦认为是菜品不够有特色。十多年前,辣子鸡、泉水鸡、酸菜鱼是重庆人最喜欢的菜品,"陶然居"这个小馆子显然无法在已经成熟的市场中分一杯羹,只能开发新菜品。严琦想到了田螺,田螺是上好的菜品,但是重庆却没有受欢迎的田螺菜肴,于是严琦尝试用各种做法来做田螺,但结果均不理想,因为本地田螺肉有很重的泥腥味。

一个偶然的机会,严琦听说西南农大的一位教授培育出了人工养殖的生态田螺,这种生态田螺以新鲜蔬菜和野生草类为食,个头硕大,肉质饱满鲜嫩又无泥腥味,属生态食品。严琦得到这一信息后,再次开始了用这种福寿螺做新菜品开发。把田螺做成各种味道,泡椒的、过桥的、蘸水的,然后拿去给客人品尝,这样反反复复用了上千斤的田螺。

为了推广创新菜,严琦还亲自将

创业感悟

"当初创业时,每天只能睡两三个小时,所有的事情都必须亲力亲为,有时累得腰都直不起来,都有放弃的念头了。但我不能就这样半途而废,还没创业就被困难吓倒,那不成。我必须坚持下来,坚持就是胜利。"

辣子田螺免费送给高速公路上来往的过客吃。顾客的好评一传十，十传百，严琦的小店迅速由5张桌子扩展到了30多张桌子，再往后是60多张，严琦用重庆辣子鸡的炒法，做出了她的发家菜"辣子田螺"，这一道菜很快走红。

辣子田螺成了陶然居的招牌菜，也为陶然居赢得了美誉。1998年，辣子田螺被有关部门评定为"中国名菜"，以此为主题制作的陶然螺之宴在第三届中国美食节上荣获中国餐饮界最高奖"金鼎奖"。辣子田螺成功之后，芋儿鸡、泡椒童子鱼等创新菜，在陶然居接二连三地被摆上餐桌。

白市驿的这条街上，经常停着一百多辆车，这些客人，都为了一道"辣子田螺"的菜而来。

"辣子田螺"成功后，陶然居开始了迅速扩张，很快就在重庆乃至全国的餐饮行业里有了一席之地。开业不到1年，她就又在成都连开了3家分店，并且个个红火。2000年，严琦挥师重庆，在重庆最偏僻的科园三街投资4000万元，开了一家四千多平方米的餐厅。由于拥有一流的菜品、一流的环境、一流的服务，食客络绎不绝，那条原本冷清的街也被带动起来，成为有名的美食街。之后的4年里，严琦又在"大本营"重庆开了8家精品店，营业面积超过2万平方米。但是，疯狂扩张的结果，却给严琦带来了巨大的重创。

很快，严琦从盲目扩张中醒了过来，开始打造一条龙的餐饮产业，从生态基地，到餐饮培训，再到餐厅经营，陶然居的发展步入了正轨，并且，其餐饮理念也处于全国领先地位。

食用田螺适宜人群

一般人群均可食用1.适宜黄疸、水肿、小便不通、痔疮便血、脚气、消渴、风热目赤肿痛以及醉酒之人食用；同时适宜糖尿病、癌症、干燥综合征、肥胖症、高脂血症、冠心病、动脉硬化、脂肪肝者食用；2.凡属脾胃虚寒，便溏腹泻之人忌食；因螺性大寒，故风寒感冒期间忌食，女子行经期间及妇人产后忌食，素有胃寒病者忌食。

第七章 五张桌子起家的辣妹子 **93**

现在,曾经毅然放弃稳定工作创业的严琦,已经是重庆市总商会餐饮商会会长。陶然居也已经顺利完成在重庆、成都、武汉、北京等全国十多个省市连锁93家的拓展计划,严琦的身家也达到了11个亿。

北京开店三个月后,扭亏为盈

一连串的成功让严琦又有了新的梦想,那就是到竞争最激烈的北京开店。2003年严琦把北京定为扩张的重点。为考察北京市场。她花去50万经费,20趟进京。2003年10月,在北京的黄金区域——朝阳区,她开设了第一家陶然居餐厅,第一家店6500平方米。但是头两月亏损180万。"我的老公的承受能力很差,但是我对自己,还是很有信心。我就感觉到这个地方,我相信我们的装修,我们的菜品,绝对是没得问题。我们保留了我们陶然居的古色古香,但是融入了北京人喜欢的金碧辉煌。

老公就跟严琦说:"我们在北京这个地方肯定做不了,是不是把它关掉。"但做过市场调研的严琦很有信心,两人由此产生分歧,严琦就跟他说:"那你就经营其他地方的,我经营北京的,只要是我在,肯定没有问题,你要感觉有问题,我们两个就自己做自己的,分开做。"最后两人分家了。不过后来他还是每一次的选择都非常尊重严琦的意见,严琦说怎么做就怎么做。

其实,严琦早料到亏损,她对开餐馆有自己的体会,第一个月亏,第二个月平,第三个月营利。经过两个月菜品、服务的磨合期后,严琦开始在地铁、报纸大作宣传。向每一位来餐馆的食客推荐辣子田螺。

北京朝阳店第三个月开始营利了,188台桌时常座无虚席。2004年6月,严琦又在北京海淀区开设第二家分店。

第三节　清一色的员工

严琦告诫员工,在向客人介绍酒水时,要坚持从低到高的原则,给客人提供充分的选择空间,要坚持提醒客人不要点菜过多,以免浪费。回顾陶然居的成功,严琦说很大程度上是员工的成功。从来不去其他饭店挖人才,是严琦的一条原则。她从自己饭店的员工开始培养,也用很多时间去培养员工对企业的忠诚和感情,并且为他们提供良好的发展空间。

陶然居全国各地的上万名员工都是重庆当地人,70%是女性,其中70%是下岗工

食物相克

螺肉不宜与中药蛤蚧、西药土霉素同服;不宜与牛肉、羊肉、蚕豆、猪肉、蛤、面、玉米、冬瓜、香瓜、木耳及糖类同食;吃螺不可饮用冰水,否则会导致腹泻。

人和农村女性。每新开一个店,她们都可以升级,从一个服务员就可以提起来当领班了,从领班到主管,从主管当副经理,当经理。"我们陶然居有自己的餐饮职业培训技工学校,每个新员工都要到陶然居的烹饪学校进行培训。"严琦说,"从厨师到服务员都来自我们自己的职业培训学校,而且是清一色的重庆人。为什么呢,因为本地人对本地菜最了解,也最有感情,本地人的性格也能影响本地菜的味道,这正是陶然居保持'原生态'重庆味的奥妙所在。"

严琦告诉记者,陶然居办的烹饪培训班是免费的,现在,有一大批从陶然居烹饪培训班出来的技术工,活跃在全国餐饮界各类岗位上,"我还要把培训成才的人员输送到国外,让以前的农民工、下岗工去赚取外汇。""用手做事谁都会,要学会用心做事。"她通过自己的言传身教,把这个理念灌输给每一位员工,"别人用手做饭,而我们要用心来做。"

在重庆做餐饮的老板90%都是女性。严琦说："我们重庆的女性非常能吃苦，女性的细心用在餐饮管理上面，成功比较大一些。最重要的是诚信。你把人做好了以后，你就会把事儿做好，我做什么事情都很执着，用心在做，那肯定成功率要高一些。"

做生意感悟

现在事业越做越大的严琦，多年来获得了不少荣誉，现在的她每天都会坚持到餐馆为客人点菜，这也是她养成的习惯。严琦感觉点菜是一个最大的交流，可以吸纳方方面面的建议，听听他们对你的菜品，对你的服务意见。餐饮跟穿时装是一个道理。你不到第一线去，根本就不了解客人需要什么。严琦的计划是：先做国内市场，占领中国所有的省会城市，占领了中国的城市，然后走向世界，在国外都能看见陶然居。严琦说，每个人都应该有梦想，应该做梦，应该有自己的目标。当然，要做自己喜欢的事。

要做百年老店的信念让严琦在实践中既掘得了金，更取得了"经"，在南来北往的食客品尝美味的同时，严琦也在细细咀嚼餐饮、经营、文化的关系。

精明时尚的严琦有她自己的经营理念和企业的运作模式，当其他店主还将眼光盯在价格上的时候，严琦看重的是菜品的口味和特色；当人家致力于口味时，她则开始考虑店堂的环境；当注重店堂环境成为潮流时，她已在尝试绿色餐饮了。在市场竞争中，严琦始终快人一步，这也正是"陶然居"10年来笑傲餐饮业界的经验。

川菜系

川菜是中国八大菜系之一，起源于四川、重庆，以麻、辣、鲜、香为特色。川菜原料多选山珍、江鲜、野蔬和畜禽。善用小炒、干煸、干烧和泡、烩等烹调法。以"味"闻名，味型较多，富于变化，以鱼香、红油、怪味、麻辣较为突出。川菜的风格朴实而又清新，具有浓厚的乡土气息。著名代表菜品有：鱼香肉丝、回锅肉、麻婆豆腐、水煮鱼、夫妻肺片等等。

在严琦看来，做事业不仅仅是要赚钱，更在于树口碑，这才是打造百年老店的基础。除了不断开发新品，满足顾客的需求。

为了事业的可持续发展，严琦投入巨资，建立自己的原料生产基地和物流配送中心，还创办了陶然居餐饮职业培训技工学校，为"陶然居"的全国连锁体系提供了强大的保障。

严琦常常对前来向她取经的创业者说，"创业时，选择自己有能力驾驭的、有市场前景的项目至关重要。如今创业的难度比过去大了，对于众多青年朋友来说，即使不能自主创业做老板，为别人打工也一定要用心，只要做出成绩来，一样是成功的。真诚做人，认真做事，这就是我成功的真谛。"

第四节　陶然居品牌

企业简介

重庆陶然居集团创立于1995年，在白市驿以5张桌子白手起家，经过10余年的艰苦创业，发展成为如今全国26个省市的大型中餐连锁店之一，2009年营业额达23.16亿元，2010年上半年收入13.66亿元。现有员工7万余名（直接就业20186人，产业链带动50000余人），营业总面积62万平方米。

陶然居集团目前是以餐饮为龙头，涉足生态养殖、物流配送、人才培训、连锁经营、食品加工等跨行业集团。先后在广西北海，贵州红枫湖、百花湖，青城后山，重庆白市驿等地拥有

> **川菜特点**
>
> 　1. 选料认真：它要求对原料进行严格选择，做到量材使用，物尽其能，既要保证质量，又要注意节约。2. 刀工精细：它要求制作者认真细致，讲究规格，根据菜肴烹调的需要，将原料切配成形，使之大小一致、长短相等、粗细一样、厚薄均匀。3. 合理搭配：川菜烹饪，要求对原料进行合理搭配，以突出其风味特色。4. 精心烹调。

八大生态种、养殖基地，其中水产水域养殖面积达8万多亩。

陶然居集团还致力于统筹城乡建设，并形成了独具特色的"陶然居模式"，其下属各分店菜品原料及配料的巨大需求量，活跃了地方经济和消费市场，还为推动农村劳动力向城镇和非农产业转移。

陶然居特写

2006年，陶然居为响应党中央号召，投入社会主义新农村的建设，投入资金2亿多元，在重庆九龙坡区白市驿镇高田坎村占地803亩，兴建集观光休闲、生态餐饮、园林文化、人才培训等功能为一体的大型生态农业项目——"中国重庆陶然居建设社会主义新农村示范基地"，此项目的建立既带动一方农民致富，又推动了农村劳动力向城镇和非农产业转移。陶然居集团的这一举措，标志着陶然居走上了差异化经营的发展路线。

2007年1月，集团投资2000万，打造了全新升级力作"新概念、精品重庆菜——重庆会馆"；2008年6月，陶然居又在位于北部新区照母山植物园内打造了以"民间传菜，品味千年"为主题的"陶然古镇"、"陶然素食阁"；以"陶然大会馆，商务头等舱"为经营理念的"陶然会馆"已于2008年8月问世；2009年8月，"陶然居·两江会馆"正

式对外营业。2010年初,位于江北鸿恩寺森林公园由集团投资2亿元装修,占地4万平方米的"鸿恩·陶然大观园"——森林重庆主题餐饮风情街已成功问世。

陶然居长期坚持以回报社会为己任,每年向重庆市妇联捐资20万元兴建一所"陶然居春蕾小学",曾获得"儿童公益明星单位"荣誉称号;在四川汶川大地震发生后,集团累计捐款捐物一百二十万元,并通过捐建春蕾学校、"粥棚行动"等切实有效的措施帮助灾区人民重建家园。2010年响应重庆市政府的号召,积极参与到"两翼"农户万元征收工程中,先后在秀山、酉阳、万州捐资修建三所学校,并通过订单农业在秀山等地建立农副产品基地。

第八章　永远微笑的肯德基大叔

人物传奇

　　世界的各个角落，在中国的每个城市，我们都会常常看到一个老人的笑脸，花白的胡须，白色的西装，黑色的眼镜，永远都是这个打扮，就是这个笑容，恐怕是世界上最著名、最昂贵的笑容了，因为这个和蔼可亲的老人就是著名快餐连锁店"肯德基"的招牌和标志——哈兰·山德士上校，当然也是这个著名品牌的创造者，今天我们在肯德基吃的炸鸡，就是山德士发明的。从最初的街边小店，到今天的食品帝国，山德士走过的是一条崎岖不平的创业之路。

第一节　走近人物

个人简介

　　哈兰·山德士（1890—1980）肯德基创始人，出生于美国印第安纳州。发明了著名的"肯德基炸鸡"，开创了"肯德基快餐连锁"业务。年轻时，山德士尝试过多种职业，他的成功起始于40岁在肯塔基州经营Corbin加油站。为了增加收入，山德士开始自己制作各式小吃。因为他烹煮美食的名声吸引了过往的客人，生意自此缓慢稳定成长。

主要成就

　　在世界的各个角落，在中国的每个城市，我们都会常常看到一个老人

的笑脸，花白的胡须，白色的西装，黑色的眼镜，永远都是这个打扮，就是这个笑容，恐怕是世界上最著名、最昂贵的笑容了，因为这个和蔼可亲的老人就是著名快餐连锁店"肯德基"的招牌和标志——哈兰·山德士上校，当然也是这个著名品牌的创造者，今天我们在肯德基吃的炸鸡，就是山德士发明的。从最初的街边小店，到今天的食品帝国，山德士走过的是一条崎岖不平的创业之路。发明了著名的"哈兰·山德士肯德基炸鸡"，开创了"肯德基快餐连锁"业务，肯德基是世界最大的炸鸡快餐连锁企业，在世界各地拥有超过33,000多家的餐厅，以山德士形象设计的肯德基标志，已成为世界上最出色、最易识别的品牌之一。

第二节　从街边小店到食品帝国

艰辛的童年

1890年9月9日，哈兰·山德士出生于美国印第安纳州亨利维尔附近的一个农庄。家境不是很富裕，但也还过得去。然而在他6岁那年，父亲去世了，留下母亲和3个孩子艰难度日。

为了生活，母亲不得不在外面接很多个活计来做，白天得去食品厂削土豆，晚上继续给人家缝衣服，没功夫照料家里幼小的孩子，山德士是老大，他肩挑起了照顾弟弟妹妹的重任。白天母亲不在家，小山德士只好自己做饭，一年过去了，他竟然学会做20个菜，成了远近闻名的烹饪能手。

12岁那年，母亲再嫁，山德士和继父的关系却不是很好，才念到6年级，他就再也不

成功秘诀（一）

1. 不放弃。2. 经常相信你自己。3. 要忍耐。4. 要持正面想法。

102

想读书了，家里的空气憋闷无比，山德士决定去工作，重新换个环境。他来到格林伍德的一家农场去做工，虽然辛苦，但也能维持个人温饱。

此后他换过无数种工作，可以说什么活儿都尝试过，做过粉刷工、消防员，卖过保险，还当过一阵子兵，后来他还得过一个函授法学学位，使他能在堪萨斯州小石城当上一段时间治安官。

加油站变成炸鸡店

35岁时，不幸降临到他的头上。当他开车路过一座大桥时，大桥钢绳断裂。他连人带车跌到河中，身受重伤，无法再干轮胎推销员工作。40岁的时候，山德士来到肯塔基州，开了一家可宾加油站，因为来往加油的客人很多，看到这些长途跋涉的人饥肠辘辘的样子，山德士有了一个念头，为什么我不顺便做点方便食品，来满足这些人的要求呢？况且自己的手艺本来就不错，妻子和孩子也时常称赞。想到就做，他就在加油站的小厨房里做了点日常饭菜，招揽顾客。

在此期间，山德士推出了自己的特色食品，就是后来闻名于世的肯德基炸鸡的雏形，由于味道鲜美、口味独特，很快炸鸡就受到了热烈欢迎，客人们交口称赞，甚至有的人来不是为了加油，而是为了吃可宾加油站的炸鸡。

刚开始这样做的时候，山德士是为了扩大自己加油站的生意，但是现在反而炸鸡的名声超出了加油站，由于顾客越来越多，加油站已经容不下了，山德士就在马路对面开了一家山德士餐厅专营他的拿手好戏——炸鸡。

1960s 在全美各地，人们都尽情享受肯德基吮指原味鸡所带来的美味，公司渐渐地溶入到人们的生活中

为了保证质量,山德士系上围裙动手烧炸,并投资扩建了可容纳142人的大餐厅。这样,他就创建了一个初级的炸鸡市场。以后的几年,他边经营、边研究炸鸡的特殊配料(含11种药草和香料 ,使炸成的鸡表皮形成一层薄薄的、几乎未烘透的壳,鸡肉湿润而鲜美。至今,这种配料配方还在使用,但调料已增至40种。而这就是肯德基最重要的秘密武器,正如可口可乐的配方一样)。

到了1935年,山德士的炸鸡已闻名遐迩。肯塔基州州长鲁比·拉丰为了感谢他对该州饮食所做的特殊贡献,正式向他颁发了肯塔基州上校官阶,所以人们都叫他"亲爱的山德士上校",直到现在。

"二战"后的一贫如洗

虽然生意不错,但山德士并不满足这样的成就,他别出心裁,又进一步,在饭馆旁边加盖了一座汽车旅馆。这样在著名的霍德华、约翰逊汽车旅店建成之前,山德士成为第一个集食宿和加油为一体的企业联合体。

> **成功秘诀(二)**
> 1. 66岁再创业也不晚。2. 坦然面对第1009次失败。3. "人们因闲散而生锈者比精疲力竭者多,如果我因闲散而生锈过,我会下地狱。"

但随着顾客增加,山德士感到自己管理经验的缺乏,为此他专门到纽约康乃尔大学学习饭店旅店业管理课程,这使他能够很好地解决以后面对的饭店管理问题,但是还有问题存在。随着山德士餐厅的名声越来越大,客人越来愈多,要为那么多的顾客很快地炸好鸡,端上桌,却不是个容易解决的事儿。他总是一边手忙脚乱地为顾客炸鸡,一边听着急着赶路的顾客在旁边不停地抱怨。

山德士为此烦恼不堪,该怎么办呢?就在这时,一次偶然的压力锅展示会给了他一个启发,压力锅可以大大缩短烹制时间,又不会把食物烧糊,这对于他的炸鸡而言是再好不过的事情了。

1939年,山德士买了一个压力锅,他做了各项有关烹煮时间、压力和加油的实验后,终于发现一种独特的炸鸡方法。这个在压力下所炸出来的

炸鸡是他所尝过的最美味的炸鸡,至今肯德基炸鸡仍维持这项使用压力锅的妙方。并且正如他所想象的,炸好一只鸡仅仅用了15分钟,时间短、味道好的炸鸡顿时成为当时大家谈论的热点,众多食客趋之若鹜,即便在30年代大萧条时间,山德士的经营依然红火。

可是"二战"的爆发让山德士受到了严重的打击,政府实行石油配给,加油站被迫关门。随后,由于新建横跨肯塔基的高速路穿过山德士的饭店,饭店被迫关门。这突如其来的改变把山德士推向了深渊,为了偿还债务,他甚至用光了所有的银行存款。哈兰·山德士,这位昔日受人尊敬的上校,一下子从人人尊敬的富翁变成了一文不值的穷人。这时的山德士已经56岁了,所能依靠的仅仅是每月105美元的救济金。但山德士不想就此了却自己的一生,况且那点救济金根本不能维持生活,一切还得靠自己。

哈兰·山德士他看着政府给他的第一张社会安全支票对自己说:"政府每个月要给我105元,让我勉强过活。必定有些事是我能为自己和为别人做的。"

皇天不负苦心人

山德士冥思苦想,该怎么做,才能摆脱困境,他拥有的最大价值的东西就是炸鸡了,这是一笔巨大的无形资产。突然,他想起曾经把炸鸡做法卖给犹他州的一个饭店老板。这个老板干得不错,所以又有几个饭店主也买了山德士的炸鸡作料。他们每卖1只鸡,付给山德士5美分。困境之中的山德士想,也许还有人这

肯德基第五代标识

它保留了山德士上校招牌式的蝶形领结,但首次将他经典的白色双排扣西装换成了红色围裙。这红色围裙代表着肯德基品牌家乡风味的烹调传统。它告诉顾客,今天的肯德基依然像山德士上校50年前一样,在厨房里辛勤为顾客手工烹制新鲜、美味、高质量的食物。它也成为世界上第一个从太空可以看到的品牌。

样做，没准这就是事业的新起点。就这样，山德士上校开始了自己的第二次创业，他带着一只压力锅，一个50磅的作料桶，开着他的老福特上路了。

身穿白色西装，打着黑色蝴蝶结，一身南方绅士打扮的白发上校停在每一家饭店的门口，从肯塔基州到俄亥俄州，兜售炸鸡秘方，要求给老板和店员表演炸鸡。如果他们喜欢炸鸡，就卖给他们特许权，提供作料，并教他们炸制方法。

开始的时候，没有人相信他，饭店老板甚至觉得听这个怪老头胡诌简直是浪费时间。山德士的宣传工作做得很艰难，整整两年，他被拒绝了1009次，终于在第1010次走进一个饭店时，得到了一句"好吧"的回答。有了一个人，就会有第二个人，在山德士的坚持之下，他的想法终于被越来越多的人接受了。

1930s 在他路边餐厅的小厨房内，山德士成功研制出了肯德基神秘配方

1952年，盐湖城第一家被授权经营的肯德基餐厅建立了，这便是世界上餐饮加盟特许经营的开始。紧接着，让更多的人惊讶的是，山德士的业务像滚雪球般越滚越大。在短短5年内，他在美国及加拿大已发展了400家的连锁店。

1955年山德士上校的肯德基有限公司正式成立。与此同时，他接受了科罗拉多一家电视台脱口秀节目的邀请。由于整日忙于工作，他只有找出唯一一套整洁的西装——白色的棕榈装，戴上自己多年的黑框眼睛，出现在大众面前。老资格南方上校烹制炸鸡的形象，很快就吸引了众多记者和电视主持人，年近七十的山德士被吵嚷着要与他合作的人团团包围，要买特许权的餐馆代表还在蜂拥而至。为此他建起了学校，让这些餐馆老板到肯德基来学习怎样经营特许炸鸡店。

1964年，一位年仅29岁的年轻律师约翰·布朗和60岁的资本家杰克·麦塞等人组成的投资集团被山德士的事业深深打动，他们想用200万美元来购买该项事业，在当时这是笔不小的数额，虽然心中极为不舍，但考虑到自己已经74岁了，山德士还是同意了，把接下来的事业交给下一代去做。

> **百胜集团**
>
> 百胜全球餐饮集团是世界上最大的餐饮连锁集团，总部设在美国肯塔基州的路易斯维尔市。百胜餐饮集团拥有并经营着五大世界著名连锁品牌，包括肯德基、必胜客、塔可钟，以及艾德熊(A&W)和Long John Silver's(LJS)。目前在全球100多个国家拥有超过 30,000 家的连锁餐厅。 1987年和1990年，百胜分别将肯德基(KFC)和必胜客(Pizza Hut)带入中国。

永远的形象

在大家的眼中，退休的山德士总该好好休息了，但是这个永不知疲倦的老人又吮指原味鸡开始了另一项工作。自从在电视上露面之后，他的打扮已经成为肯德基独一无二的注册商标，人们一看到他，就会自然想起山德士上校的传奇经历和他永远笑呵呵的样子。为此山德士经常开玩笑说："我的微笑就是最好的商标。"虽然他出售了全部专有权，但考虑到他的巨大声誉，这些新主人专门付给山德士一笔终身工资，请他继续担任肯德基炸鸡的发言人，广泛进行宣传。

伴随着富于进取的新经营管理人员的加盟，在美国快餐业的迅速发展的大环境下，肯德基炸鸡以惊人的速度发展起来。在此后的5年里，销售额每年平均增长96%，1971年3月达到2亿美元。同年又新开了近1000家分店，其中绝大多数是特许经营。

1971年，经由上校的同意，布朗和麦赛将这项潜力无穷的事业出售给休伯莱恩公司。而这时肯德基的年营业

额已经超过2亿美元。虽然此后肯德基事业不断转手、变化，但特许经营的方式一直没有改变，炸鸡配料虽然越来越多，但永远都是在那个最经典的11种原料基础之上而形成的，当然，它的形象也永远都是那个一身白色西装、满头白发，戴着黑框眼镜，永远笑眯眯的山德士上校。

山德士的一生是典型的美国传奇，他干过各种各样的工作，但在40岁的时候才在餐饮业上找到了自己事业的起点，然后历经挫折，在他66岁的时候又东山再起，重新创造了另一个辉煌，有了他的"特许经营"，今天的肯德基才会是全球最大的炸鸡连锁集团。

而山德士可以说为肯德基付出了毕生的心血和努力，就在他以90岁高龄辞世前不久，每年还要做长达25万英里的旅行，四处推销肯德基炸鸡。他的年龄及财富并没有影响到他对工作的热诚，他仍然孜孜不倦地经营他的事业。当人们问他为什么还那样勤奋地工作时，山德士回答说："人们因闲散而生锈者比精疲力竭者多，如果我因闲散而生锈过，我会下地狱。"

经营理念
肯德基的经营理念是不断推出新的产品，或将以往销售产品重新包装，针对人们尝鲜的心态，从而获得利润。

1980年，因为白血病，山德士上校不幸逝世，享年90岁。他的遗体曾安放在州议会受人们瞻仰。虽然他离去了，但他创立的炸鸡事业给肯塔基州带来永恒的魅力，人们可以不知道美国地理上的肯塔基州，但他们不能不知道炸鸡肯德基的名字。他用一只鸡，改变了人们的饮食世界。

第三节　走近肯德基

品牌简介

肯德基（Kentucky Fried Chicken，肯塔基州炸鸡），通常简称为KFC，来源于美国，是世界著名的炸鸡快餐连锁企业，由哈兰·山德士上校

于1952年创建。主要出售炸鸡、汉堡、薯条、汽水等西式快餐食品。在全球拥有10000多家餐厅。截至2010年3月底，肯德基在中国内地200多个城市已经拥有2800余家餐厅。严格统一的管理，清洁优雅的用餐环境，令肯德基在数以亿计的顾客心里留下了美好的印象。肯德基的到来不仅率先将现代的快餐概念引入中国，使人们在传统的饮食中第一次感受到了从食品风味到就餐方式的根本不同，并给人们的服务观念带来了重大影响。

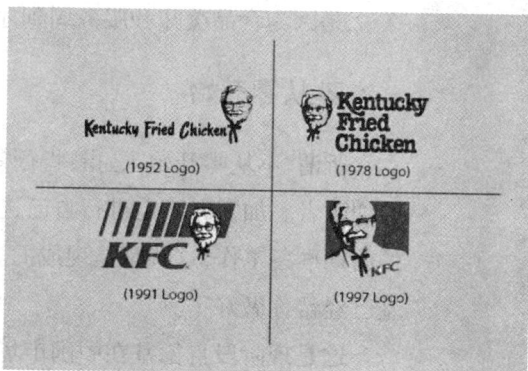

团队精神

肯德基崇尚团队精神及每一位员工的热忱参与，并致力于为员工提供完善的培训、福利保障和发展计划，使每位员工的潜力得到最充分的发挥，正是由于这个原因，越来越多优秀的年轻伙伴慕名来到肯德基。作为世界上最大和最成功的连锁快餐企业之一，肯德基成功的秘诀之一是：永远向充满朝气、勇于挑战自己的年轻人敞开大门，并注重对员工的培训，鼓励员工和肯德基共同成长。

肯德基的成功，源自于全球将近九十万员工的齐心努力。在世界各地，肯德基永远将顾客的需求摆在第一位，使顾客在享受各种高品质餐饮的同时，也能感受到最亲切的一流服务和用餐环境。

如今，肯德基已经家喻户晓，可以这

么说，是因为食品美味和服务周到才让它出名的。

不从零开始

所谓"不从零开始"是指：肯德基将一家成熟的、正在盈利的餐厅转手给加盟者。加盟者不需进行自己选址、开店、招募与培训员工等大量繁重的前期准备工作，这些都是现成的。其中，选址往往是成功的关键，而肯德基已经帮你做好了。

这是现阶段肯德基在中国市场开展特许经营的一个最佳方式，旗下拥有肯德基、必胜客等知名品牌的百胜中国餐饮集团大中华区总裁苏敬轼说，"将一家正在盈利的肯德基餐厅交给加盟者，加盟者的经营风险就大大降低，仅靠维持就能成功。"

第九章 无法复制的"海底捞神话"

这是一个理念先行,项目随后的企业。最让人惊讶的是,你在这里消费时会前所未有的体会到,你消费的不是餐饮,而是对方热忱的心！感动是必然的、正常的、感慨万千的,而达到这种效果,在其他餐饮企业是何其罕见！这个叫海底捞的火锅企业,完全颠覆了人们对"服务"的既有认识。由最初的四张桌子发展到目前在全国有51家分店,张勇的创业经历,颇具传奇色彩。

第一节 走近人物

个人简介

张勇,四川省简阳市海底捞餐饮股份有限公司董事长。1971年出生于四川简阳一个普通的工人之家。20世纪80年代初,在简阳城关镇第二中学就读的他,已经为自己树立了人生目标。在此期间,博览群书,为以后在商业中具有敏锐的视觉和独特的思维打下了坚实基础。中学毕业后,进入简阳市空分技校学习,1988年7月,技校毕业后,进入四川拖拉机厂。在拖拉机厂工作的6年里,张勇先生并不是一个安于现状的人,常常利用休假和节假日时间,遍访祖国的大江南北,考察市场,寻找商机。

1994年在四川简阳成立第一家海底捞,2001年4月, 四川省简阳市海底捞餐饮有限责任公司正式成立。十六年来,公司已发展成为在北京、上海、天津、西安、郑州、南京、沈阳等全国多个城市拥有五十多家直营店,四个大型现代化物流配送基地和一个原料生产基地,2009年营业额近10亿元,拥有员工一万多人。张勇先后走访欧美,考察市场,不断地向国际大型餐饮企业学习,成为中国餐饮协会成员,四川省餐饮协会常务理事。

重要事件

1994年3月,第一家"海底捞火锅"正式开业。

1999年4月,西安市雁塔区海底捞火锅城开业。

2003年5月,公司在"非典"时期推出火锅外卖,被中央电视台《焦点访谈》节目作为餐饮行业在"非典"时期的重大创新进行了专题报道。

2003年7月公司推出《员工奖励计划》给优秀员工配股,并以西安东五路店作为第一个试点分店。

2004年7月四川省简阳市海底捞餐饮有限责任公司北京分公司成立(大慧寺路店)。

2005年3月公司推出第二期《员工奖励计划》,并以郑州三店作为员工奖励店给优秀员工配股,并经公司董事会全体董事一致同意,从郑州三店开始计算,公司每开办的第三家分店均作为员工奖励计划店。

2006年5月四川省简阳市海底捞餐饮有限责任公司成都分公司成立,生产基地正式投入生产,标志着公司标准化生产的开始。

2006年11月四川省简阳市海底捞餐饮有限责任公司成为中国烹饪协会会员单位。

第二节　海底捞发家路

阅读奠定基础

1971年,张勇出生在距离成都80公里的四川简阳。他在五家人共住的大杂院里长大。父亲是农机厂的厨师,母亲是小学教员,张勇下面有两个弟弟,家里还有一个奶奶。

当时邻居中生活最好的一家,男人是县城一家国营旅店的经理。这位经理喝酒的下酒菜经常是几粒花生米;每一粒还要掰成四瓣吃。贫穷成了张勇与生俱来的敌人,物质贫乏几乎构成张勇儿时记忆的主体。正因为如此,"双手改变命运"才变成张勇的人生目标。

他14岁时遇到了人生第一次打击。那是男孩子变成男人的生理发育期。不知何故,张勇变声期格外长,差不多一年时间讲话的声音总是不男不女。这正是男孩子开始渴望引起异性注意的时候,可是公鸭嗓的张勇在女孩面前却不敢张口。张勇不能忍受耻笑。此时,阅读习惯帮他找到了解脱,他一个人跑到县城的图书馆躲起来,整整躲了一年,用书籍压抑体内荷尔蒙的骚动。

20世纪80年代简阳有个免费图书馆。他很快就看完了图书馆里的言情和武侠小说。于是,开始把躲在角落里的卢梭、尼采、柏拉图、孟德斯鸠等西方哲学家的书囫囵吞枣看了一遍,甚至把《第三帝国兴亡》读了三遍,还有耐心能看完《上帝已死》这样的书。80年代中期,中国刚刚改革开放,自由主义的思潮弥漫

> ### 海底捞名字由来
>
> 有一天冥思苦想名字的时候,太太在旁边打麻将,她做了一个海底捞和了一把牌,就是最后一张牌和,要加番,她就很高兴,然后她说你还在这儿愁眉苦脸干什么?你这个名字不行,还不如直接叫个海底捞。我一听这个名字挺好,结果大家一下就给记住了。

于各种报纸,每天在图书馆浏览各种报纸也成了他的必修课。

初涉商场被骗

张勇的知识使他成为孩子头。他长大之后也毫不掩饰地说:"不知道为什么,别人总是听我的。"显然,他是有领袖欲的人。可是爱读书看报的张勇并不是个好学生。初中毕业后父母没让他继续读高中,而是进了简阳一所保证分配工作的技工学校学电焊。这件事让张勇感到很不爽。

他把学校发的电焊材料都给了同学,上学期间除了看杂书就是玩。好在周围总有一帮人,所有考试都是几个同学帮他应付的,最后,甚至连毕业证书都是别人帮他拿回来的。1988年技校毕业之后就回家乡简阳做了一名电焊工。参加工作以后一直想做一番事业,在创建海底捞期间也有一些不太成功的创业经历。

1990年,张勇四处寻找生意机会。由于当时是在小县城,信息的来源不是很发达。他当时看报纸,得知有一种游戏机非常火爆,所以就想去买这种游戏机。在成都看到很多人玩一种"押大小"的扑克机游戏。看到一大堆人围着一个机器,争先恐后往上压钱,张勇眼睛亮了,就做这个!买一台,放到简阳,每天钱就会哗哗进来。可去哪里买扑克机呢?那可是赌博用具,不会公开销售。当时这个游戏机是卖5 000块钱一台。张勇觉得是一门生意,他就用上班的存款2 000块加上借的3 000块,准备去买一台。在路上遇到一个卖金表的,花1500块买了一块,结果发现是一块假表。

收油被侮辱

张勇很快忘掉出师不利的沮丧，又开始琢磨其它生意。20世纪80年代，汽油在中国还是计划控制的物资。他从中看到商机，想如果能从公家司机手中收到油票，再卖给私人司机不就可以赚钱吗？他找来一块纸板，正面写上"收油"，反面写上"卖油"，来到了成都至简阳的公路旁。

> **张勇经典语言**
>
> 我从不去考察竞争对手的经营情况，但会派属下干部去；从来不觉得味道好是餐饮竞争的一个核心问题；我们企业的核心价值观是双手改变命运；我觉得做生意嘛，你没有必要非要把自己说是要建设成一个民族品牌。

每当有汽车过来时，他便站起来迎上去举起"收油"的牌子。直到第二天傍晚，一辆崭新的解放车终于在他面前停下来。张勇满怀欣喜迎上去。车窗摇下来，一个同他差不多年龄的司机，呸！冲他脸上吐了一口吐沫，一加油绝尘而去。

20年后，张勇谈起这段往事，说："我后来才知道收油是要有关系的。可当时我完全不懂，站了两天，吃了一肚子灰，还被人吐了一脸吐沫。"

张勇收油的故事本身并没让我感到惊奇。一个21岁满脑袋想发财的人，在90年代初期的中国，当然什么都敢试，什么事也都可能遇到。

可是张勇讲述被那个司机吐一脸吐沫时的表情和语气让我感到奇怪。他完全是像在叙述别人的故事，语调和神态里没有屈辱，没有愤怒，没有刺激，这个经历如何在他日后起了作用！

卖麻辣烫的收获

经过金表受骗和倒卖汽油失败的经历,22岁的张勇眼光开始低下来。为了找扑克机,张勇没少在成都转悠,他发现成都有一种小火锅很受人欢迎。于是,张勇开始了他第三次生意尝试。

1994年,当时还在四川拖拉机厂做电焊工的张勇,利用业余时间,在四川简阳的一条马路边支起了四张桌子,开始做麻辣烫生意。很多事情他都不会做。先找房子,找到一个背街的房子,他就直接找到其中中间的一家去谈,人家说月租金要150块钱,他当时也没还价钱,就把钱给了人家。边上那个卖凉粉的大姐站在门口,她说你傻啊,我们才租60,你给他150我们怎么办啊?

> **服务优良**
>
> 因为吃的人很多,经常要排队,老板就为等待的顾客提供免费美甲,免费豆浆和小吃水果,并且所有服务员都是四川人,态度很热情的。

然后他就去做桌子,当时的老板留一个络腮胡子,说做一个桌子要100多块钱,张勇要了十张。老板说你的火锅有油,如果油滴在上面就不好打扫了。他说有一种新的材料叫宝利板,他说这个价格比较贵,二百多。张勇说二百多就二百多好了,他拿一个烟盒在上面写了一个和约。到时间张勇就去了,一去的时候他比张勇还积极,他说我到处找你找不到。他说桌子我还没做,为什么没做呢?他说后来我想,你这个火锅下面不是有火吗?这个要有高温,高温来了要把桌面给烧坏了。

他说我再给你推荐一个新东西,是日本进口的,这个很好。张勇说那好啊,他说价钱还要贵一点。他给张勇说四百多,当时张勇就觉得有点别扭,再傻的人觉得这个事情好像有些不对,但当时就答应他了。说好以后也没有签协议就等,过了两天张勇觉得这个事情不太好,张勇就跟他做建材的朋友说起这件事,这个桌子最多就是80块钱。我们一块去找他,小县城找他的话也应该能找得到,但是张勇想了一下不好意思,因为答应了

人家，不管是多少钱也好，所以这个事情也没有去找。

后来张勇已经做得很大了，在西安已经开了分店了，在四川的街上看到了那个做桌子的人，很潦倒的样子，当时张勇就在想，他这么会谈生意，谈的这么精，而且一笔生意赚我那么多钱，好像他也没有发财。所以这个事情使张勇相信真诚的重要性。

有一个卖干杂的老太太，她说："在这买底料，我免费给你草料。她说你是真不会炒还是假不会炒？我这样跟你说其实就是为了拉这笔生意而已，我也不会炒"。张勇当时一下子就懵了，张勇是一而再再而三的被人骗。她说你坐一会，你不要着急，我给你问一下。然后她就出去了一个小时，回来以后她说这简单，这个火锅底料就是把豆瓣炒香，关键是我给你配一个香料，最后事实证明这又是一个促销的手段，当时我拿着她这个料锅回去煮，一煮就很苦，但是张勇不知道。当时张勇的第一桌客人是一个40多岁的女同志，他们当时是一个同事要调单位，所以就跑到我这里来跟她的同事饯行。来了以后我服务好，手忙脚乱接待好她们，她们说味道也不错，服务也很好。但是最后走了以后，张勇就吃了一下这个锅，这个味道非常苦。估计她们看张勇当时非常年轻，那么难吃也没有对他抱怨。张勇非常感谢她们。

当时他的品牌叫小辣椒，半年后一算账，靠2毛钱一串麻辣烫，把账还

> ### 核心价值观
>
> 在海底捞，创始人张勇认为：人是海底捞的生意基石。在海底捞的内刊上，有两行让人印象深刻的字：倡双手改变命运之理，树公司公平公正之风。海底捞的三大公司目标："将海底捞开向全国"只排到第3位，而"创造一个公平公正的工作环境"，"致力于双手改变命运的价值观在海底捞变成现实"则排在前两面。尊重人、相信人是海底捞的核心价值观。

清了，靠小辣椒还净赚了1万多元钱。就在这时，一个女孩出现了，她就是后来成为张勇太太的舒萍。张勇那个时候白天要做电焊工，晚上还要摆摊。小辣椒占用了他的全部精力，经常不上班的张勇终于被农机厂除名了。那个年代，一份国营正式工几乎就是一个人社会地位的一切。张勇将来怎么活？父母的脸色当然是黑的。半年后，恋爱期结束，钱花光了的张勇，终于想清楚一件事——像他这样没上过大学，没有背景，还不认命的人，只有一条路可走——别怕辛苦，别怕侍候人，用双手改变命运。于是，张勇决定重操旧业开火锅店。

此时，他身边有三个死党，一个是舒萍，另外两个是他技校的同班同学施永宏（海底捞人称他为施哥，张勇在技校所有作业和考试几乎都是他帮着完成）和施永宏的女朋友李海燕。

总结这一段时间的工作经验，张勇上过当，受过骗，但是张勇认为，真诚的努力是一定可以得到回报的。

创办第一家店

到了1994年决定重操旧业的张勇说："把钱都拿出来吧，我们这次开一间正规的火锅店。"结果口袋空空的他一分钱没拿，其他三个人凑了八千元，四人各占这间火锅店四分之一的股份，这个店就是海底捞。海底捞尽管有四个股东，可相当长时间内管理的比家族企业还家族。头两年没有账，大总管施永宏既管收钱又管采购。每个月结一次账，是亏还是赚全凭施永宏的良心。

信任可以节省很多管理成本，施永宏有时早上两点钟起床，跟踪供应鸭血的小贩看看他们进的货是否新鲜；为检验供应商说的是否真实，他会

把手伸到鸭肚子,去试试鸭的体温。

四个股东既是老板,又是员工,还是两对恋人。顾客来了,大家凭着自觉性干,客人走了,就喝水聊天打麻将。看着这支忠诚但散漫的队伍,张勇觉得这不是干事业的做法。一天下午客

考核制度

海底捞对每个店长的考核,只有两个指标,一是客人的满意度,二是员工的工作积极性,同时要求每个店按照实际需要的110%配备员工,为扩张提供人员保障。

人走后,舒萍和李海燕同对面美容店的两个姑娘又支开了麻将桌。这时张勇提出火锅店要开个会。四个女人战意正酣,没搭理张勇,本来就不喜欢打麻将的张勇,一下子把桌子掀了。

等外人走后,他把掀翻的桌子翻过来,脚踩着散了一地的麻将就开始开会了。张勇说:"一间正式运作的公司,必须要有经理,我决定我当经理。"舒萍撅着嘴,冷笑地说:"四人公司,还要什么经理?"张勇更火了,他一下子把一杯茶水泼向舒萍,舒萍哭着走了。其他二个人,谁都没吱声,默认了。为什么?反正平时都是张勇说了算。

但,形式重于内容,一间公司有经理和没经理就是不一样。张勇没白看《第三帝国兴亡》他上演了一个完整的希特勒掌权翻版。

这是海底捞的"遵义会议",从此,奠定了张勇对海底捞的绝对话语权。

自大的张勇对待客人却表现出超过常人的殷勤和谦卑。人们由此理解了海底捞员工在客人们面前表现出超过常人的谦卑、忍让和殷勤,这不仅是张勇的要求,也是他自己身体力行所信奉的价值主张。

一切为了海底捞

海底捞的成功不断强化了张勇骨子里的自大。他感到同他一起创办海底捞的三个股东越来越不符合他的要求,他让他们一一下岗了。

除了很早就让自己的太太回家,2004年他让施永宏的太太李海燕也回家了。2007年在海底捞生意快速起飞的时候,张勇竟让在法律上跟自己

平起平坐的股东、最忠诚的死党、20多年的朋友，同他一手一脚创建海底捞的施永宏也下岗了。要知道施永宏夫妇可是占海底捞一半股份的股东。

张勇对施永宏的处理，让人不能不想到卸磨杀驴，而且杀得毫不留情。作为朋友，张勇显然不厚道；然而，作为公司的创始人，张勇无疑是优秀的。因为海底捞要想成为一个现代化的企业，就必须解决家族企业创业者天花板的问题。否则，职业经理人不可能在海底捞有大作为。张勇的两个弟弟也都曾在海底捞干过，但最终也因不符合张勇的标准，从海底捞走了。

> **海底捞家文化**
>
> 公司鼓励员工创新发明，谁的发明创造还可以以谁的名字来命名。公司给予员工一定的权力。而普通的服务员都有免单权，退菜权。不论什么原因，只要员工认为有必要，都可以给客人免费送一些菜，甚至免掉一餐的费用。把员工当成家里人。

张勇的不讲情义，在他对施永宏处理上表现得淋漓尽致。人需要被提醒，胜于被教育。如果他对一起打江山的死党尚且如此"斩尽杀绝"，那么所有人就会明白，情义在海底捞不值钱，值钱的只是能力。这就是张勇的原则。张勇是为海底捞而生，海底捞是张勇最重要的儿子；为了这个儿子，他绝对六亲不认。

作者同海底捞其他高管交流时，问他们一个同样问题："施哥走了，可不可惜？"他们给作者的答复好像都被洗了脑似的一致："我们喜欢同施哥在一起玩，喜欢同张勇在一起干事。出去玩时，张勇的车里总是空的，施哥的车里满满的。"

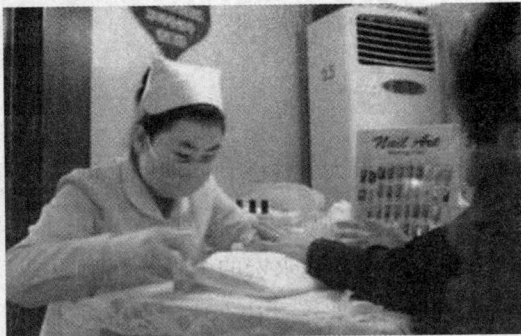

给这样的老板打工，人自然会如履薄冰。然而，让海底捞干部更紧张的是，张勇的脾气就像三岁小孩的脸，说变就变。他看到不顺眼的地方，说翻脸就翻脸，毫不顾忌场合和对象。

海底捞要出海

在将自家的火锅成功打入用户的餐厅后，海底捞又有了新的计划——让海底捞的火锅占领美国人的餐桌。

海底捞进军美国市场的计划被媒体曝光。据介绍，海底捞年内将在美国建立自己在海外的第一家门店。为了顺利推进海外开店计划，海底捞内部已经成立了海外管理部门，并制作了体现火锅文化和企业文化的广告宣传片，而菜单、店面装饰等其他细节工作也已经提上了日程。

第三节 员工的重要性

——张勇自述

亲民政策

海底捞一开始是4个人，后来雇到9个人，后来又发展了很多人。那年我24岁，很喜欢玩通宵，但是我感觉员工是不是会出什么问题，但是只是有点猜，当时我就跟我的合作伙伴说，我不玩了，我去了他们的宿舍，他们的眼睛躲躲闪闪的，我给他们准备了一点小礼物，事实证明这个行动是救了我，当时我们预定大年初七开业，他们九个人回来了四个人，还有2/3的人在，2/3的人在我就好办，如果那四个人不来的话，我那几天肯定关门了。

当时我看书看到一篇介绍麦当劳的文章，记住了一句话：要关注员工成长。这句话成为了海底捞发展的一大法宝。当时我也是这么做的。双手改变命运，大概是在2004年提出来的，我们的员工大多数来自农村，大多数文化程度不高，但是很勤奋。命运真的很不

> **企业制度**
>
> 海底捞的制度不是贴在墙上的，而是在晚课上由店长和大家一起讨论讲解，让员工参与进来，为鼓励员工的互动参与，对积极主动的员工发予小礼物作为奖励。在海底捞，员工犯了错误，责任由领班承担，或挨批评或罚款。培养后续储备干部，是海底捞对中高层管理人员的一个重要考核指标。

公正，比如说我们北京一个大区，有一个员工他人很机灵，小时候成绩也很好，但是因为命运不好，他做了我们的门童。他28岁就在北京买房子了，而且也成为了公司的高管。无论你多么富裕的国家都有富人，海底捞的事情我要管，因为海底捞是我创办的，我在这个企业拥有至高无上的权力，我在这个企业当中创造一个彼此信任、诚实、善良的团队。

当时在西安的负责人叫杨晓丽，表现非常优秀。早期的时候她在简阳的时候是服务员，在简阳的时候我看到她在哭，当然这个事情是后来才知道的，央视采访我们，她说了这个故事我就想起来。我看她哭的时候我过去问什么事情，她家欠了信用社的贷款，可能当时也是要么把你的猪给拉走什么的，她就害怕，好像是几千块钱，就在那里哭得一塌糊涂，她跟我说了，我就把钱给她，我说你赶紧把帐给还了，至于以后能不能还再说吧，如果时间长了也就算了。当时她挺感动的，后来这个事情我忘记了，她不说我也不知道。这种类似的事情，因为是农村孩子，家庭是极度贫穷，反正就是她的薪水是一分不花，但是要全部拿回去，你给她把牙膏买好她就用牙膏，如果不买她就用盐。

我们一直把店开到郑州都没有什么管理架构，当然名誉上的总经理、店经理也是有的，但是没有岗位职责，都没有，到了04年在北京开店之后才有了工作流程、制度及分工，战略目标、核心思想什么的。平时我们不是很关心这个财务指标，因为你去考核一个店长的财务指标，我觉得单纯的看到他财务指标是不科学的，为什么呢？因为他每一个店的地段不一样，位置不一样，所以它的盈利能力是不一样的。

员工考核与战略目标

你不能够说我在甘肃做店长,你在北京做店长,如果我们两个表现是一样的,你都想象得到有一些地区的盈利性肯定是没有这个发达地区的盈利性好,所以单纯考虑这个问题的话容易走偏。我们主要是做一个参考,看看你有没有什么浪费,有没有贪污。我们评选店长不是单纯只看他的财务,我们更多的是看这个员工的激情和顾客满意度以及后备干部的培养这几项

> **金点子**
>
> 在每一个海底捞的办公室里,墙上都会贴着一张"金点子排行榜",这就是海底捞思想火花的来源。每个月,由各大部长、片区经理组成的创新委员会,会对员工们提出的创意服务做出评判,一经评上就会推广到各个分店,员工可以获得200~2000元不等的奖励。

指标,哪怕他的利润在公司最高,也极有可能因为后面这几个问题出漏洞而被公司给撤换掉。

当海底捞有了一定的规模和名气之后,我们就开始总结。后来在北京做出名之后老有人问我,有没有定一个战略目标。为了回答他,我回去想,想了半天还是想不出来。我回去想,首先我要确定一个战略目标,我觉得中国的餐饮市场,从改革开放到现在三十年了,最先开放的就是餐饮市场,但是到现在为止,真正是全国名牌的我认为是没有,要么是有些全国人民都知道,但是大家不一定去吃。

有些人他经常去青岛的某一家店去吃,但是放在北京他不一定认识。没有一个在全国范围内,大家又知道品牌又认可的这样一个餐饮。但是你可以想象得到,在未来的时间里面,肯定会出现一家全国人民都认可的餐饮品牌。我觉得海底捞应该有这个机会,而且在座的餐饮同行还有很多没有来的餐饮同行应该有这个机会,这个时间不会太长。

餐饮服务靠基层员工

当时我们具体定下来的就是保证顾客满意度,达到品牌建设的目标,

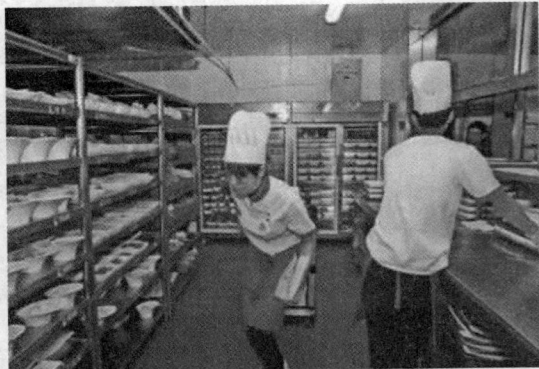

这个就成为了我们海底捞的战略目标。你要保证顾客满意度,肯定是要靠员工来保证。那员工为什么要去努力呢?你要想把海底捞建设成一个全国知名品牌,那是老板的事情。所以,员工很重要,你要靠员工就必须给他打造一个平台,他在这个平台上面是公正的。

不管是日本也好,还是中国也好,不管是古代也好还是现代也好,我们千百年追寻的价值观,经过历史的检验,在海底捞也不能变。诚信、善良、正直,这些都要坚持,把这些人提拔到领导岗位上,而且大家有了这个意识之后,企业就会变好,它可以改变自己的命运,我们就把核心思想变成了双手改变命运,我们就引发了一些人员上的安排。你想一个服务员要想做成一个店长,肯定要对每一个岗位都熟悉,就是说相关的岗位。其实我们在人员岗位上是一个轮岗制,你今天在这个岗位上干的很好我就可以让你干另外一个岗位,最后才可以做店长。所以人员安排基本上是轮岗的概念。

那么组织架构呢?一个顾客到一个餐厅吃饭,他不可能关心你们企业的核心思想,你的老板是谁,他只关心他吃的舒服不舒服,所以你所有的权力必须集中在基层,也就是说他对一个餐饮品牌的认识肯定来源于他的员工。在餐饮行业,培训不是最重要的,无论是火锅店,还是其他的餐饮行业,技术含量都不是很高,要想做好餐饮行业,服务取胜是关键,要让员工全心全意服务好顾客,必须确保你的企业值得员工信任。要让员工相信双手改变命运,就必须首先满足员工的需求,由此引发了

吃火锅好处

(1)吃火锅营养损失少,入锅食物的营养素几乎可以完全吃进去。(2)调味品可自行控制。(3)能始终保持菜肴的温度。(4)食物的新鲜程度和卫生情况看得见,吃起来放心。

很多的亲情化的东西。比如说，尽量把夫妻安排在一起上班等等。在1994年，我们很多的企业经营者这一方面忽略的非常大，好像以不给员工发工资为骄傲，现在这些企业都垮了。

人人平等　双手改变命运

海底捞一直在坚持一种平等主义，海底捞的所有店长、小区经理都是来自企业的底层，很少有空降的。不是我们不愿意外聘，也不是说外聘的人不优秀，因为职位都那么多，如果都外聘的话，那么双手改变命运就变成了一句空话。至于培养人过程当中造成的损失，对企业来讲是值得的。坦率地说我愿意称底层的员工为小孩，这些小孩很可爱，有的时候我也会骂他们，有时候他们也会做出一些哭笑不得的事情。人管人是难的，如果选的人符合向上的标准基本上就不会错。海底捞提拔干部有一个重要的原则，就是看这个人是不是与人为善。

还有一句话我告诉他们说，你们的命运都改变了，我的命运不也就改变了吗？每个人都有自己的理想，他们有自己的理想，只不过没有明确而已，海底捞的企业文化就是双手改变命运。关心员工成长是我们过去十几年的原则，基于自己的理想，我们提出了双手改变命运，我想这是放之四海而皆准的。

多年来我一直在创造这么一个平台，在企业里弘扬这么一个东西。海底捞在简阳建立了一所学校，解决我们员工孩子读书的问题，员工的吃住基本上都由店里负责，我们都对员工做一些MBA的培训，甚至是一些EMBA的培训。当然我认为这个培训不是我简单给你掏了这个费用你就尽责了。比如说我的员工来自四川，他在火锅店是说四川话，他虽然人在北京但是跟北京是脱节的，你得让他去交朋友，你让他读EMBA，读了EMBA就有交

夏天也应多吃火锅

一是夏季气候潮湿，吃火锅以驱湿气；二是以热抗热，以热驱热，求得一身爽快。一位作家讲夏天吃火锅有如词家中之"豪放派"，或"如武松打虎式"，"颇有梁夫人击鼓战金山之概"。

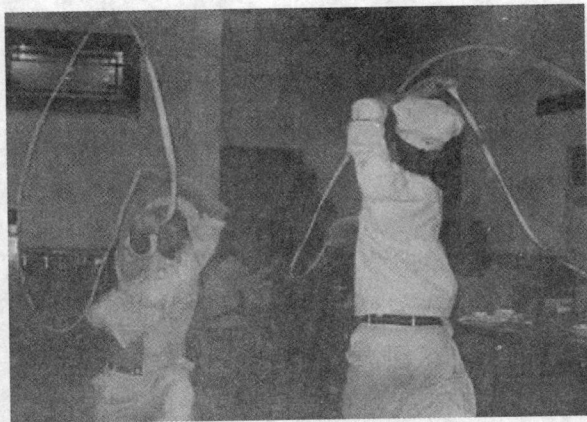

往,有了交往就要吃饭,有了应酬就要吃饭,吃饭就要发生费用,这个费用算什么?我认为算培训费,不应该算应酬。我们的培训机构海底捞大学重点不在招聘,不在培训,重点是激发员工相信双手改变命运,客人认可之后我们的生意才会越做越大,大家才能共同成长。我们的培训必须是对员工有用的,有一些培训项目大家可能会匪夷所思,比如说培训员工怎样使用自动取款机等等。

我们将成本花在很多看不见的地方。市场还没有要求我们的时候我们已经做了,按照传统的方式,原材料运过来之后我们的服务员清洗一下就可以了,但是这个蔬菜跟人的皮肤一样都是有毛孔的,如果你是简单的清洗是清洗不了的,一定要冲洗几次才可以把毛孔里面的细菌拿出来,这就需要技术,要花很多钱,我们就是这样做的,包括仓储也是,传统的仓储比如说辣椒放在那里,会有霉点,按照欧盟标准这是不允许的,在一定的温度和湿度下面它会保存一年,非常自豪的是我们可以达到这个水平,这才是我们最自豪的地方。

双手改变命运,讲一个小小的笑话。我一个朋友在北京开洗脚店,有一天邀请我去讨论这个双手改变命运的问题。我想了半天,我说你这个洗一双脚不就改变命运吗?你还不如叫双脚改变命运。我想表达意思是,每个企业都有自己特殊的情况,可以借钱,但是要根据自己的实

火锅推荐

火锅之中首推四川火锅。由于其原料和配料的作用,大部分进食者吃后感到身体舒适,还可治小病。如略有伤风、鼻塞、头痛等小恙,一顿火锅下来,大汗一出,症状就会减轻甚至痊愈了;如阴雨天,风湿关节疼痛、麻木,吃一次火锅,疼痛麻木感即可消失;如食欲不振、胃口不佳者,吃火锅则越吃越想吃,不觉胃口大开。

际情况。

目前，我们公司的规模越来越大，员工已经超过一万人了，处在一个很危险的阶段，扩张太快，我们还没有很好的办法通过这个流程、制度和绩效考核，把我们的企业文化很好的贯彻下去。如何储备更多拥有海底捞的员工是我们当前的巨大挑战。我们请了一个著名的咨询公司IBM来帮我们管理架构，咨询顾问觉得我们的模式很好，不应该完全搬照西方的，应该按照现在的原则。

我其实不想开那么多火锅店的，我觉得开几家就可以了，生意那么好，赚的钱也不少。大家都要开，因为你要开店才有职位，他要改变命运。我不是说不想开一万家火锅店，但是明明几家火锅店开得挺好，一增加员工培训就多了，所以我很担忧，接触稻盛和夫以后我发现他解决了我的这个问题，我非常兴奋，工作重点就放在了双手改变命运的平台上，坚持企业文化不能偏，如果五年以后海底捞还在的话我就是成功，我们有这个机会，这就是我最大的愿景。

最近几年，我们也设置了一些组织架构，小区上面有大区，大区有办公会，办公会有总经理，总经理上面有董事会。前一段时间解除了阿米巴思想之后，我就把我说的话落实下去，就是阿米巴的做法。十几天的时间，差不多是九月份，我就把大区、小区撤销了，形成了一个教练组，指导五十几家。后面一些支持的人员，做绩效和培训的，未来再发展五十家店，这应该比复制小区经理、大区经理容易得多。

第四节 另类海底捞服务制胜

创办海底捞抓第一个客人

因为之前有做过麻辣烫的经验,创办海底捞之后,张勇抓客人的方法还是靠真诚的态度。给大家讲一个张勇一开始抓客人的一个故事。当时他开业之后生意不太好,每天他门口都要过一个人,这个人就住在楼上,他们十几个人每天都要吃火锅,每天来到张勇店门口看一下,哦,还是没有生意,于是就走了。

张勇想了一个办法,每天都在楼旁边站在楼梯口等那个人,看到他们下楼的时候张勇就找邻居问他姓什么。第一次张勇说魏大哥好,第二天又说魏大哥好。终于有一天他从张勇门口过的时候,就进来了。张勇很激动,吃完了他说你的这个味道不好。张勇说哪里味道不好? 他说他也说不出,但是他们有一种香辣酱,你们要把这个研究出来。我说开火锅的没有什么祖传的香辣酱,肯定是买到哪一家比较好。

张勇终于把这个香辣酱找到了,找到之后又让他太太给那伙客人送上楼,请他们鉴定是否是这种味道的香辣酱。当时他们很感动,这桌客人你可以想象,在未来非常长的一段时间都是他的忠实顾客。

一周吃几次火锅合适

一两周吃上一次便可,吃多了容易上火,同时还要注意多吃绿色蔬菜。火锅料如鱼饺、虾饺、各种丸子,含有大量的油脂,糖尿病、高血压、高血脂的病人要注意;火锅汤含有大量的普林,痛风的病人不要喝;火锅汤中含钠离子、钾离子亦多,有肾脏病、高血压的人要小心。

那个时候张勇经营的环境不算最好,但是他的态度非常好,别人要什么他就快一点,有什么不满意的他就多赔笑脸,结果大家都愿意过来吃。就这样,他用真诚和优质的服务抓住了很多的顾客。三个月后,客人就多了,开始排队,越做越好,逐渐做成了简阳

最大的火锅店，并在简阳开了第二家火锅店。1998年的时候有一个客人说你怎么不考虑到省外发展呢？省外的发展非常好。于是张勇就和他合资80万在西安开了第一家火锅店，开了以后生意非常差。为了保证顾客满意率不能太在乎成本，半年下来亏了33万，股东顶不

住压力退出，结果股东退出之后张勇就赚钱了，接连在西安开了好几家分店。

只要是地球人，就无法拒绝海底捞的服务

今天，如果你走进海底捞，排队等待用餐往往是不可避免的，但这一个极其枯燥的过程，在海底捞却成为一个让顾客印象深刻的环节。其间，服务员会时不时送上免费的饮料、水果和点心，顾客既能免费享受擦皮鞋、上网、美甲等服务，也可以随意挑选打牌、下棋之类的娱乐项目。因此在漫长的等待中客人们感到不是那么着急了。

像这样贴心的服务，张勇已经使其延伸到海底捞从用餐到结账的各个环节中：上了饭桌，火锅菜可点半份，饮料可以免费续杯，水果免费……针对不同的顾客还有特殊服务，比如对女士，会赠送皮筋，用来绑起头发，避免粘到食物；顾客中有孕妇，服务员会送上柔软的靠枕；戴眼镜的客人则会得到擦镜布，以免热气模糊镜片……

除此之外，"海底捞式服务"还格外大方。在卫生间准备了免费的护肤品和牙刷牙膏；糖果几乎可以无限拿

> **火锅食物搭配**
>
> 多放蔬菜；放些豆腐；加些白莲；放点生姜；饮杯清茶；吃些水果；喝点饮料。

取。有意思的是,因为服务员在不停地给排队等候的客人发饮料和小吃,有些客人还没等到去上桌吃火锅,就感到差不多已经吃饱了。

尽管免费服务的项目种类繁多,但张勇却并不担心亏本。在他看来,这些小小的付出都只是生意应付的成本,而特色服务所积累的人气,却可以换来更大的回报。用大方、人性化的服务换取口碑,是张勇尊奉的逻辑。

渐渐地,"服务"成了海底捞的制胜法宝,几乎所有到海底捞吃过饭的人都会对海底捞的服务伸出大拇指,而这些人中的绝大多数,都成了海底捞的回头客。

第五节　走近海底捞

品牌简介

四川海底捞餐饮股份有限公司成立于1994年,是一家以经营川味火锅为主,融会各地火锅特色于一体的大型跨省直营餐饮民营企业。

公司在张勇董事长确立的服务差异化战略指导下,始终秉承"服务至上、顾客至上"的理念,以创新为核心,改变传统的标准化、单一化的服务,提倡个性化的特色服务,将用心服务作为基本经营理念,致力于为顾客提供"贴心、温心、舒心"的服务;在管理上,倡导双手改变命运的价值观,为员工创建公平公正的工作环境,实施人性化和亲情化的管理模式,提升员工价值。

十七年来,公司已发展成为在北京、上海、天津、西安、郑州、南京、沈阳等全国多个城市拥有六十多家直营店,四个大型现代化物流配送基地和一个原料生产基地,2009年营业额近10亿元,拥有员工一万多人。

四个大型物流配送基地分别设立在北京、上海、西安、郑州，以"采购规模化，生产机械化，仓储标准化，配送现代化"为宗旨，形成了集采购、加工、仓储、配送为一体的大型物流供应体系。位于成都的生产基地，其产品已通过HAC-CP认证、QS认证和ISO国际质量管理体系认证。

> **企业名言**
>
> 人心都是肉长的，让员工把公司当成家，员工就会把心放在顾客身上；不是培训员工如何干好工作，而是想方设法让员工愿意干这份工作；只雇佣员工的手脚是亏本的买卖，要同时用好员工的大脑；当人用心的时候，大脑才能创造。

公司曾先后在四川、陕西、河南等省荣获"先进企业"、"消费者满意单位"、"名优火锅"等十几项称号和荣誉，创新的特色服务赢得了"五星级"火锅店的美名。2010年2月，获大众点评网2010年度"最受欢迎10佳火锅店。

海底捞服务

海底捞虽然是一家火锅店，它的核心业务却不是餐饮，而是服务。在将员工的主观能动性发挥到极致的情况下，"海底捞特色"日益丰富。2004年7月，海底捞进军北京，开始了一场对传统的标准化、单一化服务的颠覆革命。

在海底捞，顾客能真正找到"上帝的感觉"，甚至会觉得"不好意思"。甚至有食客点评，"现在都是平等社会了，让人很不习惯。"但他们不得不承认，海底捞的服务已经征服了绝大多数的火锅爱好者，顾客会乐此不疲地将在海底捞的就餐经历和心情发布在网上，越来越多的人被吸引到海底捞，一种类似于"病毒传播"的效应就此显现。

品牌理念

海底捞始终高扬"绿色、健康、营养、特色"的大旗，致力于火锅技术的开发与研究，在继承川、渝餐饮文化原有的"麻、辣、鲜、香、嫩、脆"等特色的基础上,不断创新,以独特、纯正、鲜美的口味和营养健康的菜品,赢得了顾客的一致推崇并在众多的消费者心目中留下了"好火锅自己会说话"的良好口碑。

海底捞始终坚持"绿色,无公害,一次性"的选料和底料原则,严把原料关,配料关,十三年来历经市场和顾客的检验,成功地打造出信誉度高,颇具四川火锅特色,融会巴蜀餐饮文化"蜀地,蜀风"浓郁的优质火锅品牌。

品牌荣誉

海底捞餐饮是中国餐饮协会理事单位和四川省餐饮协会常务理事会员单位,在川,陕,京,豫,沪等省市颇具知名度的餐饮企业。曾先后在四川、陕西、河南等地荣获"中华名火锅"、"纳税大户"、"先进集体"、"优秀企业"、"消费者满意单位"、"名优火锅"等十余项光荣称号和荣誉。2007年12月,公司喜获大众点评网2007至2008年度"最受欢迎10佳火锅店"及"2007年最受欢迎20佳餐馆"奖项;2008年公司荣获《当代经理人》杂志举办的中国餐饮连锁企业十强第一名。近年来,海底捞以每年平均开拓7个店的速度发展,并取得了优异的成绩,得到社会各界的高度赞扬。2006年,海底捞火锅成为国际烹饪联合会团体会员,同年被中国烹饪协会评为会员单位,2007年,公司喜获四川省著名商标称号。

第十章　牧羊人的传奇

人物传奇

　　从偏处内蒙古包头一隅的小店到"中国火锅第一股"、中式快餐第一品牌，小肥羊走了12年。创始人张钢曾说，"我的天性就是做任何事情都必须做老大，绝对不做老二。这谁都改变不了，如果做老二我就不做了。"他就是张钢，将一个小小的涮锅孕育成几十亿的餐饮帝国，成为逼近拥有肯德基、必胜客等品牌的百胜集团的中国餐饮百强企业的第二名。如今，小肥羊年收入超过80亿，直营店向全世界扩张延伸。

第一节　走近人物

个人简介

　　张钢，内蒙古小肥羊餐饮连锁有限公司董事长。1964年10月出生，毕业于包头钢铁子弟学校。当过工人。1988年开始从事服装、通讯行业。1998年8月在包头成立第一家小肥羊火锅店。2006年小肥羊全国营业额达到57.5亿元。现任包头市人大代表、包头市扶贫基金会副理事长、内蒙古饭店协会副会长、内蒙古自治区政协常委、内蒙古自治区工商联常委、中国烹饪协会火锅专业委员会第一副主任，2005年中国餐饮业年度十大人物。

张钢，是包头人耳熟能详的名字。从工人到企业家的跨越，他始终把握住了"原料"必须正宗，在锡林郭勒大草原上建立了肉业生产基地，把内蒙的羔羊肉和自己独特配方的火锅底料做到了可控，小肥羊也就从餐饮行业最难控制的产品角度建立了一定的壁垒，为小肥羊的规模化、连锁化经营埋下了伏笔、打下了良好的基础。此后，在特许加盟的连锁链条上，小肥羊在全国一路攻城略地。2002年，小肥羊的营业额达到25亿元，一跃成为中国本土餐饮业的老大。

个人履历

从小就喜欢做生意赚钱的张钢上了技校后，和同学开始悄悄地做起了自己的第一笔生意——向好朋友借钱假日里摆地摊，挣到了自己的第一桶金。

1984年，张钢毕业后进了包钢，当上了烧结工，但他感觉工作乏味，1988年，张钢正式作出了决定，每年交给包钢一笔保证金办了停薪留职，从此也开始了自己财富生涯的闯荡。

> **小肥羊的人才理念**
>
> 有德者使其扬其善；有能者使其用其长；有才者使其得其任。

1996年1月—1999年8月，张钢与朋友创办包头市惠达丰通讯器材公司，自己担任公司的总经理，张钢在这时期做好了资金的原始积累。

1999年8月8日，"内蒙古小肥羊餐饮连锁有限公司"的前身"小肥羊酒店"在包头市昆区乌兰道22号开张。张钢的小肥羊就这样发展起来了。

2000年4月起，小肥羊火锅开始走出包头市，从此开始了它在全国范围内的连锁发展之路。2005年起小肥羊公司开始与欧洲最大的投资机构"3i集团"、知名投资基金"普凯基金"两家公司洽谈合作事宜。经过近一年的努力，2006年7月份，小肥羊成功引进这两家公司的资金共2 500万美

元,使小肥羊公司成为我国第一家引进外资的餐饮企业。

2008年6月小肥羊在香港上市,是中国首家在香港上市的品牌餐饮企业,被誉为"中华火锅第一股"。

2011年11月7日,经商务部批复同意百胜餐饮集团收购小肥羊,百胜集团透过间接全资附属公司向小肥羊协议计划股东提出现金收购价每股港币50元。

九年前,从内蒙古大草原奋蹄跑出的一只小羊,如今已经成为中国中餐行业的领头羊,连续几年在中国餐饮百强中稳居榜眼。不凡的业绩不由得吸引了国内外众多关注的目光,这目光聚焦在创始人内蒙古小肥羊餐饮连锁有限公司董事长张钢身上。

第二节　草原人的创业之旅

个体户的发财路

在小肥羊问世之前,张钢充其量也只是中国成千上万的个体户中的普通一员。1998年8月8号,小肥羊诞生了,张钢开始改写命运。

张钢有着内蒙人特有的性格,厚道、豪爽、开阔。"我从小就喜欢做生意赚钱,就是觉得很有挑战性。"张钢说。9岁时,张钢偷拿了家里几分钱买了根冰棍,结果被母亲发现打了一顿。张钢便发誓"不再向父母要一分钱"。

高中毕业上了技校,张钢和同学

> **小肥羊的管理理念**
> 以人为本,计划有序,工作高效,执行彻底。

开始悄悄地做起了自己的第一笔生意——向好朋友借钱假日里摆地摊,卖当时流行的喇叭裤。"10天就赚了300元,要知道当时父母一个月的工资才47元啊"。攥着自己挣来的第一笔资金,张钢花了100多元买了个喜欢的海鸥照相机,剩下来的就存进了银行,将生平第一个存折交给了父母。

1984年,张钢毕业后进了包钢,当上了烧结工,对于这份正式工作,张钢决心要好好珍惜。可是枯燥乏味的工作干了三年就让张钢动摇了,当了几年的全职看火工后,1988年,张钢作做出决定,停薪留职,重新塑造自己。从此他开始了自己财富生涯的闯荡。

做服装生意进货都是下江浙,仅仅到温州,就要先从包头到北京再辗转到杭州,然后还要颠簸数小时的长途汽车。为了节省一张卧铺票,拿了一块布铺在座位底下,张钢就钻到下面睡一觉。"确实非常辛苦,而更重要的是信息不畅,与家里联系也不方便"。回想当年,张钢说:这就需要我必须凭借自己的洞察力做事,自己判断正确了,卖了好价钱,而大家看见我的判断正确再进来时却已经晚了。张钢说,以前到任何城市转一圈,就能知道小肥羊在这个城市中的定位、选址,立即就能拿出基本正确的方案,这与当年的锻炼是分不开的;而小肥羊已形成科学的选址模式,通过准确的调研,科学系统的分析,按照规范的开店流程执行。

凭借着倒腾服装的本钱,积累了10多万元资产的张钢接到了一单送上门来的生意。1995年,做服装时认识的张宁平(小肥羊股东之一)向张钢借钱。张钢问他借钱做什么?他说做手机生意。张钢咨询后就说,干脆咱俩合起来做,我出5万元,你出1万元,股份一人一半。他们从广州进了十几台砖头大的手机,一台成本才5000元,上号3600元,那时候电信局一台手机卖到12500元。"1995年的手机刚刚兴起,很好卖,我记得非常清楚的是第一部手

机就赚了1700元",张钢说,尽管张宁平只出了3000元,自己拿出了全部家底10万元,但还是按照50%分成给他,而在分享中张钢也享受着做老大的自豪。

很快,张钢又与朋友合开了手机经销部——惠达丰,一天最好时能赚一两万。那时政策规定,做手机还可以同时开办声讯台。于是张钢又在当地率先开了三四家声讯台,当了几年台长,赚了不少钱。"但是商业判断告诉我,这个行业前景并不看好"。果然,上世纪90年代后期,手机的普及到了惊人的地步,张钢说,卖一部手机只能赚几十元,要在这个行业做大很难了。

创建小肥羊

1998年初,张钢手下的一个经理出差,偶然发现西南某城市的一个羊肉火锅店很有特色。传统的涮羊肉都是要蘸小料的,他们不用,全部调好在一锅汤里了,味道还不错。当时他就觉得他们这个颠覆传统的做法很有创意,极有商业价值。于是就买了他们的配方。回来后请人在原有配方的基础上加以改进,不断调试。然后请很多朋友来品尝。直到确认已经超过他们。提到这段经历,张钢说道:"我们家有一个大桌子,专门用来涮火锅。那段时间,我身边的朋友几乎都来吃过小肥羊的火锅。"

准备开店前,大家正在发愁该起个什么名字时,一天,张钢随口说了句"小肥羊",一旁的媳妇当即激动地说:这个名字好啊,又与涮羊肉有关,吃完了肯定忘不了,又好记,就这个吧。就这样,"小肥羊"诞生了。

"这真要感谢我媳妇",张钢说:我老婆绝对是初恋的,爱情故事也很简单,媳妇是技校比我低一届的同学,那时学校里盛行谈恋爱,

我们班也没女生，也许她觉得我这人可靠吧，就这样1988年两人就结婚了。自此，媳妇就一直做张钢的下手。

汤料经过改进的小肥羊涮肉火锅，于1999年8月8日在昆区正式开业，张钢与老朋友陈洪凯共同投资，成为小肥羊最初的创始人。

小肥羊第一家店，生意的火爆出乎任何人的意料，每到就餐时间就人满为患。三天之后就开始排队。仅仅两个月，张钢不得不启动第二家小肥羊，而第二家店也一样红火，不停地翻台。这让张钢看到了连锁发展的必要。于是，在特许加盟的连锁链条上小肥羊逐渐走出了内蒙古，走出了大草原，在全国一路攻城略地。2002年，小肥羊的营业额达到25亿元，一跃成为中国本土餐饮业的老大。

直营战略

小肥羊三岁了，速度快，规模大，问题也就出来了。

小肥羊的连锁类似于区域主加盟商的区域管理模式。在前期，这种

模式可以化整为零，在各省找一个单店作为一级加盟商，让其对当地投资者进行言传身教。在一定区域内打开了市场，每一个店的成功紧接着可以引来更多的加盟者。想加盟的人主要向一级加盟商申请，各地单店主要对一级加盟商负责，总部主要对一级加盟商负责，一般一级加盟商报

上来的新加盟者总部都会允许加盟，这样就减少了很多繁琐环节，使整个企业飞速发展。但是，由于加盟控制的随意性太强，造成小肥羊各地形象不统一，财务、预算监控不善，总部与单店沟通过少，责任模糊等诸多矛盾。

代理经营不仅是经营权的简单出让,而应包括商标持有者对代理商的有力监管。加盟店要的是利益,而张钢要的是规模效应,在小肥羊总部与加盟商之间出现了矛盾。这时,一些加盟店被曝光出现卫生质量问题,甚至被当地卫生主管部门亮出了红灯,这些严重影响了小肥羊的品牌形象。

加盟店为小肥羊的扩张立下来了汗马功劳,可如今张钢不得不在这员"猛将"上动刀子了。从2003年底开始,小肥羊抵御住了各地不断要求加盟的申请,大刀阔斧地进行全面的战略调整,将前期追求加盟数量的扩张模式调整为专著品牌信誉、确保稳健经营的方向上来。对于各地合约到期又做不好的加盟者,小肥羊一律收回改为直营;坚定地将上海、北京、西安、深圳、天津等五大城市定为直营的战略城市;同时总部明令,往后只要是肯德基、麦当劳设点之处,邻近小肥羊的店面全部都得直营。

2004年,小肥羊5岁了,加盟服务中心在北京成立,负责严格审查每个

上市企业定义

上市公司是指所发行的股票经过国务院或者国务院授权的证券管理部门批准在证券交易所上市交易的股份有限公司。所谓非上市公司是指其股票没有上市和没有在证券交易所交易的股份有限公司。上市公司是股份有限公司的一种,这种公司到证券交易所上市交易,除了必须经过批准外,还必须符合一定的条件。

加盟者的申请要求,掌控和监管加盟店。从2003年以后,小肥羊的加盟店和直营店一直经历着调整,到2005年,小肥羊门店数720家,其中直营店80家,加盟店640家。营业规模达到50亿元人民币。张钢说:"这600多家加盟店,最终能保留的也就300家左右。"截至2006年7月的统计数据,小肥羊火锅连锁店718家,其中直营店146家。

小肥羊上市,完成使命

张钢费尽辛苦挖来卢文兵的根本目的,是要让他帮助小肥羊上市。

公司要上市,财务必须规范,这也是公司做大的第一步,而这恰恰是小肥羊的弱点。2004年8月,小肥羊聘请了专业财务人员,对公司财务管理

进行规范。一步一步，小肥羊顺利实现"变脸"，从一个"大个体户"转变为一个具有现代管理体制的企业。小肥羊的管理转型和业绩提升，卢文兵可以说功不可没。在总结自己的管理心得时，卢文兵乐呵呵地说："一方面有在蒙牛的积累，更多的是现学现卖。"

2008年6月，小肥羊集团有限公司在香港联交所主板挂牌上市，成为中国"火锅第一股"。卢文兵顺利完成使命。

说起小肥羊的每一步成长，卢文兵就像说自己孩子一样兴奋。他希望小肥羊把它最好的一面，展现给消费者。

智慧管理

在小肥羊，不单是总部的管理层，很多分店的经理都拥有分店乃至总公司的股份。九年过去，当初的创始人张钢和陈洪凯的股份已经降到40%以下，在小肥羊发展过程中不断加入的股东们拥有40%的股份，剩余20%的股份全部掌握在管理层手中。

用"管理层持股"的模式解决了激励和发展的问题，张钢的思路不是来自MBA课程，而是来自做大事必须舍小利的朴素思维。这种思维，在蒙牛总裁牛根生那里叫作"财散人聚，人聚财聚"，在张钢那里叫作"舍得"。

如果说让出股份舍弃的是身外之物，那么让出一手打造的小肥羊的管理权，则更困难一些。但是张钢和小肥羊的股东们知道，小肥羊未来的发展，最终要依靠制度化管理而非人治。当年赤手打天下、浑身草莽色彩的创业者最好的选择，莫过于把管理权交给那些熟知现代企业制度的经理人。

公司高级管理团队成员大多是拥有广泛的餐饮业经验的食品与饮料行业专家。另外，管理团队中还有来自金融和工商业管理等其它领域的专业人士。此外，小肥羊公司高级管理层的多数成员拥有国际经验或背景。

> **企业上市好处**
>
> 获得融资；取得套现退出途径；规范公司治理结构；便于建立股权激励；易于进行资本运作。

爱当老大

"如果说我在做服装、卖大哥大、倒腾通讯时是在做生意，那么做小肥羊我感觉自己是真正开始做企业了。"包钢技校毕业的张钢说：做生意时纯粹是为了赚钱，而做企业是在做事，现在外界都认为我是企业家，其实我觉得这把我过高评估了。

"也许是我这人形象不好吧，"张钢摸着自己独特的平头笑着说，"我这人面相比较老，加上胖，走路一摇三晃的，好像是不走正道的黑社会似的，让人不敢接近。"

这个在员工、甚至合伙人看来都感觉有些可怕的人，其实并非长得凶神恶煞，只是身材粗壮、说话干脆。也许是意识到自己给大家带来了很多无形的压力，张钢说，其实他很注意不给员工太多压力，只是"天性就爱管人，管得甚至连7岁的小女儿平时都不希望我回家了"。这是玩笑，但也很真实。

提到作为领导人的控制欲，张钢这个认为自己适合当领导的汉子话说得坦白："我的天性就是做任何事情都必须做老大，绝对不做老二的。这谁都改

企业文化

小肥羊的质量理念：品质为本安全第一；优质服务享誉国际；持续发展百年老店。

小肥羊的学习理念：求生必须求知 图强必须图智。

变不了，如果做老二我就不做了。"作为一个企业领导，他对自身判断力、观察力和驾驭力的自信毫不隐藏。正是这样一股劲头让这个曾经一文不名的普通工人成就了属于自己的一番风云事业。走到今天，人们不由得问，没有这样的自信，小肥羊能有现在的成就吗？

张钢是要坚持做老大的，但看看他的发家史和散财史，我们才会明白，老大不是说当就能当的。爱人才能聚人，得人才能兴业。成为老大并不是说要踩着别人的肩膀，而是要率领大家去打拼天下。张钢是一个执着想当老大的人，事实证明他也是具有足够老大资质的人。

张钢的百年品牌的梦想却始终如一。他称现在已不管具体事务了，主要是管人，"是为了做事业，创百年字号，以后能对孙子说，我是小肥羊的创造者，就很自豪了。"虽然仍是率直的平民式语言和豪迈的梦想，但心态上比以前平稳："刚开始创业时，比较烦躁，有时脾气不好，直来直去。现在我觉得要给人留点面子，尤其是作为一个领导，如果没有好的心态，就会把你的情绪传染给员工，产生负面影响。现在机制建好了，我也放权下去了，很少管具体的事，主要是抓大方向。企业大了就是管人，人管好了就不用管事。总裁的事情太琐碎，我性格上也不适合。"

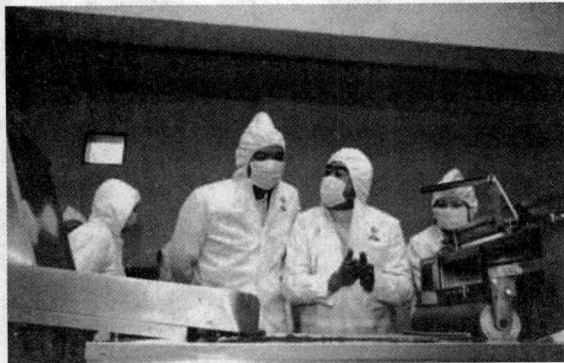

企业的历史从来都是人的历史，同样的条件给了其他人，恐怕不一定成功。"我感觉自己的一点胸怀，一部分是天生的，更多的是在做事业的过程中慢慢积累起来的。"张钢的自白或许才是其中的真谛。

金钱无法改变张钢，时间也无

法让张钢变质。为了下面的员工能够买车,张钢虽然买了辆奔驰,但是他宁可经常选择打车,奔驰4年只跑了2万公里。自称为"大老粗"的张钢说,我目前的心态比较好,永远是保持以前穷人的心态,就是苦日子的那种心态。

的确,你只见他爱交朋友,其实更可贵的是他怎样对待朋友,"看准的朋友会交一生,如果朋友有缺点,我会不留情面地让他改掉,如果他实在改不掉,我就自己改变自己";你只见他诚信、厚道,但更可贵的是他能把这些朴素的道理运用为对顾客利益的维护和对手下人心的凝聚;你只见他"喜欢做大生意",但更可贵的是他能在个人理想里融入更多的责任和使命——"要做百年字号"。

这更多是后天自我修炼而成,是九年艰辛的商业实践以及先进、规范的国际化文化改造了他。依然是胖胖的张钢,不仅保留和坚守着本质里最朴素最纯真的东西,尤为可贵的是,还能脱去原来被人误解的邻家小二子、大老粗身上原始的土气,从而淬炼得更加成熟和完美。

谁都不知道以后小肥羊会走到哪一步,你甚至可以给它找出一百个失败的理由,但张钢让人觉得,世界可以很小,因为胸怀可以很大。

第三节　张钢创办的小肥羊集团

品牌简介

内蒙古小肥羊餐饮连锁有限公司1999年8月诞生于内蒙古包头市,以经营小肥羊特色火锅及特许经营为主业,兼营小肥羊调味品及专用肉制品的研发、加工及销售业。2008年6月小肥羊在香港上市,是中国首家在香港上市的品牌餐饮企业(股份代号HK0968),被誉为"中华

> **客户与服务**
>
> 小肥羊的客户关系理念:精诚真诚坦诚忠诚。
> 小肥羊的服务理念:顾客价值最大化。

火锅第一股"。小肥羊的数百家餐饮店面已遍布全国,而且连锁店面已经进入美国、加拿大、日本、港澳等国家和地区。是家喻户晓的中国餐饮连锁品牌。

小肥羊公司奉行"品质为本,顾客价值最大化"的经营思想,构建了垂直一体化的大产业链发展模式,目前拥有调味品基地,肉业基地,物流配送中心和外销机构,搭建起从牧场田间到餐桌的食品安全保障体系。

小肥羊肉业基地,拥有三大核心草原羊源基地:锡林郭勒草原基地、巴彦淖尔草原基地和呼伦贝尔草原基地,是国内生产规模最大、技术水平最高的羊肉加工企业,也是国内首家获得有机食品认证的羊肉加工企业。

公司规模

小肥羊的产业模式,不仅支撑了小肥羊餐厅运营和食品销售,而且拉动了内蒙古农牧业产业结构升级,带动了农牧民致富。企业的发展聚结了股东、员工、股民、农牧民、加盟商等各个环节的利益链条,并持续为之创造价值。公司现拥有员工6万多人;直接带动各地相关产业就业人数达24万人,带动20多万农牧民增收致富。从"中餐百强企业"、"中国企业500

强"、"中国驰名商标"再到新加坡特许经营与授权组织（FLA）授予的"年度国际特许经营大奖"、从"中国100张国家名片"到"25大典范品牌"……小肥羊用十余年的耕耘，取得了令人欣慰的成就，也为中餐标准化、品牌化、国际化探索树立了典范。

发展理念

小肥羊将继续以天然、健康的品质，快乐、共享的理念，弘扬中华餐饮文化，强壮人类健康体魄；努力成长为世界级的中餐品牌，朝着打造"成为领先的全球餐饮及食品服务供应商"的战略目标奋进。

1999年8月8日，"内蒙古小肥羊餐饮连锁有限公司"的前身"小肥羊酒店"——在包头市昆区乌兰道22号开张。就是这样一个小店，如今拥有一个调味品基地，两个肉业基地，一个物流配送中心，一个外销机构，国内、外多个餐饮管理区域；360家火锅连锁店遍布了全国各省、市、区以及美国、日本、加拿大、印尼、阿联酋等海外市场，成为一个国际性的大型餐饮连锁公司。

第十一章　餐饮界的一朵奇葩

　　一个曾经受父亲熏陶想当教授的女孩，一个随母亲下放在农村放过牛的女孩，一个在加拿大留学时扛过猪肉的女人，一个创业成功但毅然选择重起炉灶的女人，一个带领现在的企业打造"餐饮界的LV"的女企业家，一个想在长城脚下开一家文化博物馆的梦想家。这么多身份背后的她是俏江南的创始人、董事长张兰。

第一节　走近人物

个人简介

　　张兰，1958年出生于北京，俏江南集团董事长。青少年时在湖北孝感农村待了10年，后随父母回到北京。1987年毕业于北京工商大学企业管理专业，1989年张兰在"出国热"中随舅舅到加拿大，通过日夜辛劳的餐馆打工，完成人生第一笔财富积累。

　　1991年，张兰从加拿大回国后进入餐饮业，开办了第一家餐馆。经过为期十年的餐饮经验与资金积累，2000年创建俏江南公司。2006年毕业于长江商学院EMBA专业。

　　2011年6月13日，张兰正式将儿子汪小菲任命为俏江南的CEO一职，并兼任自己创办的和麟置地董事长部分工作。2005年起，张兰接连在上海、北京打造针对高端奢华人群的"881"会所和"兰会所"，并于2007年10月起启动新概念时尚健康餐厅（South Beauty，俏江南）。在2008年的"胡润餐饮富豪榜"中，张兰以财富15亿元排名第三。

获奖称号

张兰女士曾荣获2006年中国十大财智人物、中国餐饮十大影响力人物、全国十大最具影响力的CEO、2007年度时尚女性、东方企业家30年杰出人物贡献奖、LADY杂志2008年度影响中国女性生活精英人物、创业邦杂志2008年企业家创业女性成就奖、TARGET杂志生活品鉴家、2008中国职场女性榜样、2009北京晚报中国餐饮财智人物等称号。

第二节 从打工妹到女强人的蜕变过程

早期的生活

张兰出生于北京，父亲原本是清华大学的教师，然而在她出生那一年，父亲却被打成了右派。1968年，10岁的张兰跟随被下放的母亲从北京来到偏远的湖北山区农村。

"我小时候没有感觉到过温暖，因为父母天天挨批斗，我就像个野孩子，根本没人管。"就是从那时起，小小的

> **张兰语录**
>
> 我还从没有想过失败这两个字，心里认输了才是失败，我从没输过；我不怕风险。为什么总想不好的？为什么不想那九千九百九十九；目标是分阶段的，每一个阶段都不一样。在没有足够实力的情况下，就不会有更大的欲望。

张兰知道了"责任"——父母每天在外面受苦，自己应该给爸爸妈妈做点好吃的，今天给他们熬地瓜粥，明天再换个花样儿，熬个土豆粥。

多年之后，张兰对吃仍然有种情结，也许就是这种情结，让她乐此不疲，流连在"食尚"的世界里不愿出来。

高中毕业后，凭借在湖北练就的篮球特长，张兰被特招到北京市轻工业局，大学毕业之后，她又被调到北京市建工局，捧起了那个年代人人都羡慕的铁饭碗。那时的张兰已经结婚生子，过着平静、朴实的生活。如果不是机缘或者心中隐隐的梦想，生活就此会一如既往如流水般向前淌着。

按部就班的工作和生活，并没有锁住年轻的张兰。20世纪80年代，出国留洋是一件很让人羡慕的事情，父亲当年的影响也影响到张兰对儿子汪小菲的教育观念。在儿子四五岁时，张兰就定下了自己的人生目标：我要挣够钱，将来一定要让儿子好好读书，堂堂正正做人，并且一定要让他接受国外教育。

艰苦的打工生活

抱着这个信念，1988年底，张兰跟随从加拿大回国探亲的舅舅一起到了异国他乡。和我们听到的很多人一样，20世纪80年代末90年代初，张兰成为出国热潮中的一分子，但是"外面的世界很精彩，外面的世界也很无奈"。

刚去西餐厅的时候，每天早上9点大冻车就准时来了，一共36片大牛排，大半扇，扛回来之后就我和一个印度

张兰语录

我不认命。有许多人忙着找算命的，其实命运和个人的心态、性格、素质有直接关系，没有人能随随便便成功；我不相信炒股，股市上没有大赢家。没有谁会一下子成功或失败，这不会是一夜之间的事情，是一天一天的积累。

人俩人剔。那个印度人和我分开，他18片我18片，一个大男人，多一片都不干。一大片有一百二三十斤，还要扛到柜子里面去，在肩膀上垫一片布，使使劲就能扛得动。除此之外，我们小工级别的还要切胡萝卜、土豆丝，每天切六筐。后厨的所有杂活，包括切菜、洗碗都是我们干。一不小心一刀下去，手上整块肉都掀了，缝上十几针，第二天接着干，现在还有疤。那时候一天的工资相当于中国差不多3个月的工资，一个小时7块加币，我一般每天工作十二小时。吃喝除了餐厅里管的一顿，其他都在舅妈家里吃，挣的钱全都存起来了。

90年代工体开亚运会的时候，电视上演开幕式，我在加拿大看到特别想家。那时候住的地方离机场特近，飞机一起落的时候，我就看着飞机想，什么时候我能坐上这飞机回家去啊。所以那时候给自己定了个目标，攒到两万美金的时候就回去。看着开幕式的时候受不了了，就冲到地下室去了。那时候我住地下室，有洗澡的水笼头，衣服都没脱，"哗"，打开那倍儿大的水笼头失声痛哭，哇哇地哭，想家的情绪全涌出来了。

想家是想家，可打工还得继续。为了挣钱，她在美容、美发店帮过工，在餐馆打过杂，每天早出晚归，一天最多时曾打过6份工，一天挣的钱相当于国人一个月的工资。即使到了农历新年，张兰也不愿意休息，因为春节期间打工的薪水是平时的3倍。所以在多伦多的3年，春节反而是她最忙的日子，因为那几天没有人愿意工作。

最苦的不是肉体上的疲累，而是精神上的匮乏。受当年条件所限，张兰几乎每三个月才能和家人通上一次电话，"我要先写信，和家人约好下一次打电话的具体时间，然后他们提前跑到位于西单的长途电话局。而且

由于时差的原因,他们只能在晚上给我打电话。"

地位低下、寄人篱下的生活远非张兰所梦想的,她早已打定主意:挣够钱就回国去做点事。1991年的圣诞节快到了,她终于拿到了许多人梦寐以求的移民证明,同时,她也挣够了两万美元。决定命运的抉择通常只在一念之间,张兰当时心里清楚:只要过完圣诞节,回国的决心就会动摇。就这样,在国外没休过一个圣诞节的张兰,没有和家里任何人商量,踏上了回程的飞机。此时,距圣诞节只有4天。

那时候好多亲人朋友都劝我说,你这一走等于丢了一张移民纸,移民纸相当于一百万港币,等于撕了一百万港币。

> **张兰语录**
>
> 当你觉得山穷水尽的时候,扛过去就是豁然开朗。但很多人就是扛不过去,所以从头再来,总在重复,人生就不完美;人要成事,应该具备豁达、善良、自信、执著。

舍弃一百万迎来另一个人生

下飞机的第二天张兰骑了一辆二八车,围着一个红纱巾,漫无目的的找投资项目。那时候刮着西北风,风沙特别大,怎么办呢? 上哪投资呢? 钱花不出去。那时候她开始想开个餐厅,因为门槛较低,又熟悉餐饮行业,于是自然而然地成了首选。想找个门脸,转了一周有天忽然转到东四那条路上,发现了一张大白纸上打着广告:粮店出租。那是东城粮食局的,刚刚改革开放,粮食局老赔钱,便想包给私人。很快我把它盘了下来,大概有102平方米,她在里面摆了22张桌子,当时花了13万。就这样,在1991年,张兰在北京东四开了阿兰酒家。室内投资最贵的是一台5匹的空调,花了5万。那时候餐馆普遍都没空调,夏天人们都光着膀子吃饭,

我不想做这种档次的餐馆,我想做高端一点的。于是便在玻璃上写上,"冷气开放"。人们来了一看,有冷气就不光膀子了。

阿兰酒家的装修很有特色,外墙边都是竹子,整个是一个竹屋。那时候北京没有卖竹子的,张兰记得当年父母被下放时的五七干校位于川鄂交界,那是个有着大片竹林的地方。张兰就专程坐火车到四川的郫县,砍了13米一根的大竹子,那时候便宜,也就花了三千块钱,回来之后削皮、编花,像壁纸一样贴在墙上,特别漂亮。于是,"阿兰酒家"变成了南方的竹楼。竹墙上挂着她和弟弟的画——傣族的草裙舞,半裸体的傣家女人特别美,浑身棕色的皮肤,丰满而且健康,吸引了好多人来看——张兰和弟弟亲手画的。

新奇的装修和菜品相结合,让她的酒店迅速有了知名度,食客慕名而来,生意兴隆。但阿兰酒家很快就满足不了张兰日益"膨胀"的事业雄心。1995年,地址在亚运村附近的鱼刺海鲜大酒楼开张。装修还是张兰一手设计,风格是中国园林式,处处营造出鸟语花香的氛围,这次张兰斥重金将它装修得富丽堂皇。

对美有执著追求的张兰,深谙都市白领是时尚的制造者与追随者,从阿兰酒家到后来的俏江南,张兰一直秉持这样的理念:"美其食必先美其器"。"器"在张兰这里,不仅指施华洛奇水晶吊灯,还包括高雅、幽静的就餐环境。所以,从阿兰酒家开始隐约显现的就餐"概念",在后来的LAN CLUB中发挥到了极致。"对于每一家店的装修,我是不惜代价的。"张兰如是说。

张兰语录

有一个大师对我说,学业好比你的球鞋,事业好比你的皮鞋,家业好比你的拖鞋。人的一生这几种鞋都要不停地换,而且得跑起来,所以,挺难。但再难也要走下去;冲动来自于激情,平静得益于修炼。

"来的都是客,全凭嘴一张。"开餐馆,从古至今是"江湖"行当。"张总、李总都来了,都是给面子,敬酒就都得敬到,这屋敬完了敬那屋。"张兰说当时自己的酒量是"两斤不醉"。那时海鲜大酒楼的老板娘"兰姐"已有了相当的名望。

1997年底,海鲜大酒楼到达了顶峰,日营业额达到50多万。这时,一向敢说敢干的张兰忽然陷入了极大的矛盾中:"是继续赚钱还是做一个品牌出来?"一番思索之后,张兰做出了一个在别人看来疯狂的举动:6000多万将海鲜大酒楼卖了出去。"我了解自己的性格,我是一个武断的人。"张兰说。

"俏江南"的舞步

卖掉酒楼的张兰,已决心要编织一个更大的餐饮品牌梦。"我要创建一个代表中国特色的国际品牌,让人一听就知道来自于中国。"2000年,重新创业的张兰把新企业命名为"俏江南",因为在很多老外的眼中,江南的小桥流水最具中国特色。

俏江南的定位是专攻写字楼商务人群市场,张兰有着自己的想法:在所有消费者中,白领消费者最具理性,如果饭菜符合他们的口味,他们会结伴而来。俏江南的首店选址国贸,典型江南风情的装修:门口一座拱桥木板,两丛翠竹掩映桥边,精致的藤椅,手编的竹帘饰物;而流光溢彩的美式冰吧,意大利简洁的吊灯,使中式餐厅又平添了几分西式的现代感。包间的名字更是讲究,全部取自宋词牌名:西江月、醉花荫、念奴娇等中西合璧,没有生涩和勉强之感。

"白领都有小资情调。"她坚信这个路子是对的:美其食必先美其器,对于每一家店的装修,她都不惜代价。张兰的"冒险"又一次成功了,依靠口碑,那个"环境不错,价格不贵"的俏江南,很快火爆起来。

俏江南分店一家一家地开起来。张兰做餐饮百年老店的设想开了一个好头。但张兰的商业理想又开始发酵了，这次她要造出"兰会所（lan club）"，为精英人群度身定制一个商务交际的俱乐部。

为了"最好"，2006年北京双子座大厦中的兰会所，张兰请来了设计巴黎Bacca-rat水晶宫的法国设计师菲利浦·斯塔克，以1200万元的价格支付酬劳，令人错愕。人们纷纷问，张兰要做什么？只有张兰知道，她理想中的兰会所应该是什么样子。

兰会所就是一次癫狂的"烧钱"的举动，它极尽奢华，上万元一只的水晶杯，几十万元一盏的吊灯，满屋顶镶嵌着的世界名画，把这里装点得富丽堂皇，它不像一个休闲餐饮的场所，更像是一家艺术品的陈列殿堂。

在回忆这段激情燃烧的岁月时，张兰说，兰会所的创立仍然是她商业理想的一部分，她坚信这是市场的需要。兰会所也早已不是新派中餐，也不是改良川菜，而是结合了中国各个菜系的烹饪手法，也结合了西餐的分餐和摆盘，用西餐的手法把中餐更好地包装起来。

像当年开创俏江南一样，决定创立兰会所，对她的冒险，依然会有不理解和质疑。而张兰说："当一个老板去问这个事情行不行，拿方案到股东会上商量的时候，就已经不自信了。我的自信是建立在对餐饮业精深的了解上的自信，不是胡自信。"张兰笑着说，有时她的想法到做法总是以迅雷不及掩耳之势在推行，甚至连内部员工都觉得匪夷所思。不过，现在张兰也坦承，这只是创业时期的做法。下一步，俏江南也要成为股份制公司，变成公众公司，这种"专断"会被科学和规范的

程序所取代。

"俏江南不打折"

"吃辣,我很有节制,每次只去俏江南"。这则盛传于2004年的广告,曾频繁出现在北京城大小出租车上,人们在上班路上、车里都能听到,它也一度成为办公室白领的口头禅。也正是那一年,在北京交通台这则广告引领下,川菜成为一种文化,人们潜意识认为,吃川菜就要去俏江南。

可以想见,在乱花迷人眼的餐饮品牌中,突然发现一家具有"西方血统"的传统中式餐厅,是容易让人眼前一亮的。况且,在这样一家时尚又典雅的餐厅里用餐,享受经过专业培训的服务人员提供细致服务,是被很多乐于享受生活或忙于工作应酬的商务人士所宠幸的。

> **兰(LAN Club)**
>
> 创立于2006年10月26日的兰,坐落于北京长安街双子座大厦,由"当代世界设计师第一人"Philippe Starck历时两年精心设计完成,总投资3亿元人民币,开业后迅速成为中国最具世界艺术品位的顶级会所,同时也确立了俏江南集团在豪华会所服务市场的标杆地位。

即便是一年中最火的圣诞节,无论俏江南餐厅还是兰CLUB,上千个座位全部爆满,经常有人因为订一个座位打电话找到张兰,对此张兰都婉言谢绝。即便员工去俏江南吃饭或宴请客户,也都是自己埋单,而且从不打折,这是规定。

"品牌源自信任,来此就餐的顾客都是平等的,一视同仁,只有这样,品牌诚信度才能提升。"张兰莞尔。

"俏江南很少打折,以前有过几次,2004年专门发文,要求各店坚决不打折。"张兰认为靠顾客忠诚度才能提高企业的品牌知名度,她认为价格打折菜品质量自然也会打折扣。

"自2000年开第一家店以来,顾客一直在持续增长"。张兰每年都要出国去参加一些相关行业的国际展会,"要想把餐饮做成功,就得研究揣摸各种客人的喜好,了解他们的想法。"张兰说,"餐饮市场太大了,真正跨地

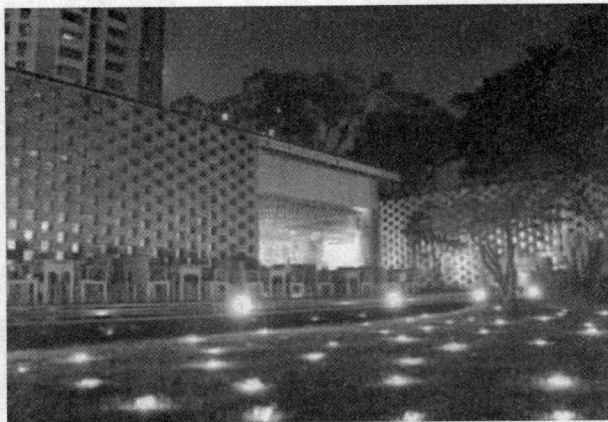

域、区域的餐饮企业很少,更不要说跨国。俏江南整体市场战略是开拓包括北美在内的全球市场,要代表中餐品牌走向世界,做顶级中餐品牌。只有在国内成功了,才能搬到国外。"

正是依托高品牌诚信度,俏江南店面模式才得以快速扩张。张兰说,"之所以推进速度快,是因为俏江南经过这么多年发展,在经营理念和经验上有了真正的进步与积累。"

剑指海外

上海首家兰CLUB(兰会所)拟定于2008年4月开业。可以肯定的是,虽然上海兰CLUB与北京兰CLUB同样出自俏江南血统,在菜式、服务上也有着统一标准,但餐厅装修风格与环境绝不会一样。不但如此,俏江南集团旗下三大品牌——兰CLUB、俏江南、SUBU,每一家品牌店的装修风格和用餐环境都有不同之处。俏江南集团在国内一线城市北京、上海和成都等地都开设有餐厅,"自开业以来,包括'非典'期间一直都是盈利的,没有一分钱银行欠账和外债。"张兰曾在公开场合透露。

这是一家一直在以加速度运转和扩张的公司,因其是2008年奥运会餐饮服务商之一,因而决定将上市计划推迟到奥运会之后,此处公司还将斥资3亿元在全国发展30多家连锁餐厅,其中10家为加盟店,这是其首次大规模放开加盟市场。此外,俏江南还将登陆美国和日本市场。

> **张兰语录**
>
> 俏江南要做全球品牌,就要引进先进经验,而先进经验肯定是人带进来的;俏江南没把自己当成一家餐饮企业去推广,而是一直在推广一种文化。

但这显然不能满足俏江南掌门人张兰的野心,她的设想是:"下一步还要做博物馆餐厅,建在长城脚下或古都西安,展示中国五千年的餐饮文化,借助文化和艺术提升中国餐饮在世界的地位。最终目标是走向国际化,在第五大道、巴黎香榭丽舍……有LV的地方就有俏江南。"

俏江南制定这一远景战略的背景是:2006年,中国餐饮消费全年零售额首次突破万亿元大关,达到10 345.5亿元,同比增长16.4%,比2005年净增1 458亿元,而且连续16年实现两位数高速增长;2007年,全国住宿与餐饮业零售额累计实现11 131.3亿元,同比增长18.9%,比上年同期增幅高出2.7个百分点,占社会消费品零售总额的13.9%,拉动社会消费品零售总额增长2.6个百分点,对社会消费品零售总额的增长贡献率为15.7%。但国内目前还没有一家能跨出国门的餐饮。在言必谈中国的全球化时代,先通过本地化站稳脚跟,再借助全球化进行扩张,是许多进军中国市场的跨国企业之不二法门,这样的章法放在中国本土企业身上也同样适用。俏江南剑指海外也正是瞅准了这一时机。

"与日本东京一家大规模上市航空公司已经签约合作开店,与美国一上市公司的合作谈判也将开始,可以说2008年也将是俏江南在国际市场扩张最快的一年。"未来两到三年时间内,俏江南集团计划使连锁餐厅在全球的数量发展到100家,同时完成俏江南集团重组及境外上市。

第三节　俏江南集团

集团简介

俏江南集团由张兰女士创始于2000年，总部位于北京。自成立以来，俏江南遵循着创新、发展、品位与健康的企业核心精神，不断追求品牌的创新和突破，从国贸第一家餐厅到北京、上海、天津、成都、深圳、苏州、青岛、沈阳、南京、合肥等50多家店，从服务商业精英、政界要员到2008北京奥运会场、2010上海世博会……历经十年的健康成长，俏江南已经成为中国最具发展潜力的国际餐饮服务管理公司之一，并引领着中华美食文化走向国际市场。旗下品牌包括俏江南品牌餐厅、兰会所和SUBU三大高端品牌，是中国最具发展潜力、值得信赖的国际餐饮服务管理集团。

产品服务

俏江南以"时尚、经典、品位、尊宠"为经营理念，致力于打造一个世界级的中餐品牌，成为全球餐饮业的管理标杆。

晾衣白肉

它是"俏江南"的一道名菜，它因其奇特的形式吸引了众多食客。据介绍："因四川盆地气候阴湿，所以过去老百姓晾衣服，总喜欢搭上两个支架，横上一根竹竿，把洗净的衣服搭在竹竿上放在太阳下晾晒。为了体现四川的民风民俗，就把它演绎成了这样的晾衣白肉……"只见盘中用南瓜精心雕刻的两根支架，图案生动，色彩艳丽。

北京"俏江南"餐饮有限公司是一家以餐饮经营管理为主的有限责任公司。它的前身隶属北京兰达投资有限公司，经营范围涉及餐饮、娱乐、

房地产投资、证券期货、进出口贸易、电子产品等。公司于2000年在中国北京创办以"俏江南"为品牌的,集东西方文化于一体的,具有独特韵味的四川精品餐厅。

企业文化

俏江南期望给予每一位顾客品种丰富、口味独特、营养健康的产品和难忘的用餐经验,期待顾客的再一次光顾俏江南。俏江南关爱社会,感恩于支持俏江南发展的社会和合作伙伴,期望持续创造最佳的利润,不断超越自我,带给俏江南的投资者最好的回报。俏江南将"勤奋、正直、感恩、爱心"作为员工的德行标准来要求员工:

必须具有高尚正直的品格,要人正、心正、行正;必须具有勤奋、勤俭、勤勤恳恳的拼搏精神;必须具有感恩之心,要感恩社会、感恩客人、感恩一切美好事物;必须具有爱心,对工作没有"不",对生活要"情",对生命要有"爱"。

俏江南视每一位员工为家庭成员,倡导关爱身边工作伙伴,期待每一位伙伴能够发挥其最大潜能,与俏江南共同成长。

第十二章　卖包子出身的亿万富翁

美国著名哲学家罗曼·W·皮尔有一句名言:"决心决定成功!"皮尔之意:你能否成功,完全取决于你内心的信念。从这个意义讲,净雅食品集团董事长张永舵缘于他对鲁菜深厚文化底蕴的坚定信念,历经20年艰辛,从卖牛肉包子起家,发展成为拥有济南、威海、泰安、北京等城市8家连锁店的大型跨区域餐饮集团,并被誉为"鲁菜新盟主",无疑,张永舵是山东民营餐饮业中成功的典型。有人说,是一处处经营红火的"净雅酒店"让张永舵走向了事业的巅峰。张永舵说,这一切,靠的是独具特色的"净雅理念"。

第一节　走近人物

个人简介

　　张永舵,男,1968年6月出生,山东净雅餐饮集团董事长。1988年,毕业于威海广播电视大学,获得英语专业本科学历;1988年10月,主持创建了威海净雅饭店,并担任总经理;2002年初,成立净雅餐饮集团,担任集团公司总经理。2002年,当选为威海市第十届政协委员;中国商业联合会常务理事;中国烹饪协会理事;中国商贸饮食服务专家委员会专家委员。

个人履历

1988年,张永舵不顾家人的反对,筹借了7 000元钱,在威海市区的古寨路建了一个30多平方米的平房,开起了卖牛肉包子的饭店。店虽小,但童叟无欺、宾至如归,很快赢得了顾客的青睐。1998年,他相继办起以"净雅"为名的酒店,使小饭店发展成为拥有济南、威海、泰安、北京等城市8家连锁店的大型跨区域餐饮集团。他在经营企业中格外重视"真"与"诚"的服务,不赚一分不诚信的钱。

历经21年的风云变幻,净雅已由最初30平方米店面、8名员工、7 000元资产的小型包子铺,发展成为总营业面积9万平方米、员工近4 000人、总资产达19亿的大型餐饮集团!企业是第一家通过ISO9002国际质量体系认证的纯餐饮企业。他时刻不忘回报社会,吸纳了115名下岗职工和1 200多名农村富余劳动力,出资在山东大学设立"净雅奖学金",向各种慈善基金会、福利院等捐助资金超过120万元。先后荣获威海市五一劳动模范、山东省十大杰出青年、中国企业文化建设先进个人等称号。

2002年初,成立净雅餐饮集团,担任集团公司总经理。同年,当选为威海市第十届政协委员;中国商业联合会常务理事;中国烹饪协会理事;中国商贸饮食服务专家委员会专家委员。2002年,净雅食品集团高层开始了筹划向外扩张的战略思考,第一站,就定在了国际化大都市——北京。

2005年7月11日,北京辉煌净雅餐饮有限公司在北京华丽登场,在

非常时期的行动

对餐饮行业来说,"非典"无疑是一场"寒风"。当大多数餐饮企业还未缓过劲时,净雅餐饮集团却接连出招:一是在济南第一高厦银河大厦顶层开设高档次的鲍翅皇;二是加快在北京投资的步伐,已选定3处地址,其中有一处就紧邻王府井大街,仅地皮一项就投资1个亿。

接下来短短15个月的时间里,净雅在北京连开两家大型分店,在京城掀起了新一轮蓝色海洋风暴。以海洋文化为核心的设计风格,打破了传统理念的思维局限,注入了浓郁的海洋文化,使之成为一件艺术作品,成为北京一个地标式建筑,以海洋文化为核心的设计风格,不仅表现在净雅建筑物的外观,更表现在内部装潢的每一个细节上。风格各异的包间,带给每一位莅临者无尽的遐想,每一个包间,都蕴含不同的主题,都展示着海底不同的风景,海洋文化已不仅限于一个抽象的概念,它已经渗透到了整个建筑每一个细微的环节当中。

第二节　从包子摊主变身鲁菜盟主

立志做饭店实现人生价值

　　张永舵出生于山东威海环翠区张村镇皂南台村一个普通庄户人家,1984年高中毕业后,托人在威海一家毛纺厂谋了个临时工的差事。入厂后,张永舵工作很是卖力,谁知不到一年,他就从精整车间调整到填料车间去装原毛,原因是"农村来的孩子干那活最合适"。

　　这次工作岗位变动,对张永舵的触动很大。他清楚地看到,一个人如果没有文化、没有能力,就很难被人瞧得起。1985年,他毅然离开了这家工厂,自费到威海电大"充电"。当张永舵再度回到校园拿起书本,却有了一种和读中学、小学时截然不同的感受。"那时才真正体会到学习不再是为了应付考试,而是自己的需要,要学的东西实在太多,总觉得时间不够用。"张永舵说。

三年的时间转眼过去了，走出校门的张永舵已不是过去那个搬羊毛的毛头小子，知识让他变得视野宽了，底气足了。面对刚刚起步的个体私营经济，他跃跃欲试。然而，当张永舵把酝酿已久的开饭店"宏伟蓝图"向家人和盘托出时，当场遭到了老父亲的极力反对。理由很简单：整天与吃吃喝喝的人打交道，不会有大出息。父亲给他规划的出路是到威海木器厂接自己的班，当一个"体体面面"的工人。

> **企业将来规划**
>
> 2007年度全体职工总结大会上，张永舵总裁明确提出净雅将来的规划将会从餐饮公司——餐饮管理公司——食品管理公司——食品投资公司——食品品牌管理公司——食品文化公司——食品人才公司，最终落脚在人才公司。

父亲的反对没有动摇张永舵的念头，他暗暗下定决心，一定要开一家既有特色、又有思想内涵的饭店，实现自己的人生价值。在母亲的支持下，张永舵顶着重重阻力，筹借了7 000元钱，在威海市区的古寨路建了一个30多平方米的平房，开起了饭店。当时，饭店十分简陋，但他给饭店起了一个文化含量很高的名字——"净雅饭庄"。他立志办一个有特色、有思想内涵的饭店，要依托这个饭店实现自己的人生价值。

饭店变成包子店

尽管饭店顺利开张，但创业伊始的张永舵很快遇到了第一个困难。饭店开业头一天，只卖出了70多块钱；第二天营业额又大幅下滑，仅仅卖了30多块；第三天，惨淡的状况让张永舵雇用的厨师心里打起了退堂鼓，随后不久就离职了。这给了当时根本不会做菜的张永舵一个措手不及的打击。

"厨师事件给了我很大的启发，就是这个世界上只有自己能救自己，自己

有本事后,才不会受制于别人。"张永舵说。对于一个饭店,没有厨师简直就像人体没有心脏,无计可施的张永舵不得不放弃经营炒菜业务,转而钻研比较容易上手的包子。

终于,张永舵成功地研发了一种独具风味的牛肉包子,这些包子馅满个匀,做工讲究,每个包子的褶数几乎相同,再加上小菜味美精致,店面设计简单温馨,服务热情周到,改行专卖包子的净雅饭庄很快吸引了大批客流。

几个月过去了,这个既不处在商业旺地又不是"富丽堂皇"的小店,渐渐被越来越多的人所喜爱。这家主营牛肉包子的小饭店,处处给人以清秀雅致的感觉。餐具,洁净而又精美;房间,尽管不是很大,但装修精细,充满温馨;服务,热情周到,童叟无欺;饭菜,色香味俱全……很快便赢得了顾客的青睐。

> ### 包子的来源
>
> 包子是一种古老的汉族面食,起源于三国。相传三国时期,蜀国诸葛亮率兵攻打南蛮,使孟获臣服。由于阵亡将士无法返回故里与家人团聚,在江上兴风作浪,阻挠众将士回程。须用49颗蛮军的人头祭江,方可风平浪静。诸葛亮不想伤人命,于是命厨子以米面为皮,内包黑牛白羊之肉,捏塑出49颗人头。然后,陈设香案,洒酒祭江。

做第一个吃螃蟹的人

初战告捷的张永舵,很快又走出了自己的第二步棋:经营鲜活海鲜。当时,威海大小酒店,没有一家经营活海鲜的。1992年5月,张永舵成了第一个"吃螃蟹的人"。当他推出了独具特色的鲜活海鲜宴后,祖祖辈辈吃鱼吃虾的威海人,第一次知道鱼虾还可以这样吃,一时间净雅饭庄在威海名声大振,"吃海鲜,到净雅"成了威海"吃客"的口头禅。

"我每天清晨4点多钟骑着摩托车到鱼市码头收购活海鲜,进入厨房的每一个虾蟹蛤螺,都是自己亲手挑选的。"张永舵回忆道。此外,他还独辟蹊径地对饭店进行大幅包装:请来著名书法家重新书写店名招牌;请来威海最有名气的装饰公司把饭店里外装饰一新;挂上书法、绘画、摄影作品;亲自召集厨师,对每一种海鲜的配料和吃法,进行调整创新、精制

古代包子解释

　　是皇帝赏赐给臣下的银钱封包。宋蔡绦《铁围山丛谈》卷四："祖宗故事,诞育皇子、公主,每俟其庆,则有浴儿包子,并赍巨臣戚里。包子者,皆金银大小钱,金粟、涂金果、犀玉钱、犀玉方胜之属。"宋朱彧《萍洲可谈》卷一："近岁帝子蕃衍,宫闱每有庆事,赐大臣包子,银绢各数千匹两。"清俞樾《茶香室三钞·金珠包子》:"宫中出包子以赐臣下,其中皆金珠也。"

精作……

　　净雅的口碑逐渐在威海流传,净雅也由此开创了海鲜饮食的健康、时尚新风。

　　直到现在,净雅海鲜池边仍然有专人挑选,不允许一个死海鲜进入厨房,甚至连最微小的香螺,都是用针一个个检查过。此外,每一道原料和配料,都有严格质量规定:菜品原料必须严格称重,不允许随机抓取;作料都是标准化、品牌化,每道菜用什么酱油、什么胡椒粉等,都有严格品牌规定……

　　面对生意的日益红火,张永舵再次对自己的饭店进行了"文化包装"。他请来全国著名书法家,重新写了店名,饭店里里外外装饰一新,雅间都挂上书法、绘画、摄影作品;他组织店里的厨师,对每一种海鲜的配料和吃法,进行调整创新,精制精做;他对服务人员进行了严格的培训,一言一行都有规范化要求,从而使人到净雅就餐既饱了口福又得到了精神上的享受。

　　如今,净雅已是一个大型餐饮集团,每当谈起当年"小净雅"的红火,张永舵感慨良多。他说:"雅,是每个人的本能追求,不论大店小店,能够满足人们的这一追求,就成功了一半。"

　　有哲人曾说过:成功总有因由。张永舵的成功不是偶然,甚至称不上传奇,他只是一步步的,遵循着自己内心信念的指引,向成功的彼岸进发。

进军省城：诚信赢得"钦差"美誉

从净雅崛起中，张永舵感悟到有志者事竟成的真谛，他心中再度酝酿起一个更大胆的想法——进军省城。

当时，恰巧济南市有关部门想找一个合作伙伴开一家海鲜酒楼，派人到威海考察，并慕名来到净雅。吃饭时，邻桌的顾客点了一条活牙鲆鱼清蒸。过了一段时间，餐厅领班来到桌前，对这位顾客说："对不起，先生，因为今天客人太多，刚才您点的那条鱼做的时候已经死了，如果您同意的话我们为你另换一条，不过这样会耽误您一点时间，如果您不同意，我们将按死鱼价格收费。"顾客愉快地接受了领班的建议。

微服私访的省城客人们大为吃惊，因为如果不说，不会有人知道那条鱼不是活的。这个举动，使净雅赢得微服私访的省城客人们的认可。

1998年3月，"济南净雅大酒店"出现在济南市英雄山南路205号。凭借科学管理理念和精益求精的经营，一道道风味独具的净雅海鲜菜，大大吸引了济南人的眼球和胃口：温拌海参、红烧翅、红烧澳鲍、皇帝汤……开张第一天起，济南净雅大酒店便汇聚兴旺的人气，每

> **灌汤包**
>
> 指包子里面有汤，是中国的传统食品。早在北宋市场上已有售卖，称灌浆馒头或灌汤包子。北宋之后，灌汤包子在开封流传下来。古代灌汤包子是皇家食品，灌汤包子特点：鲜香肉嫩，皮薄筋软，外形玲珑剔透，汤汁醇正浓郁，入口油而不腻。

天上座率达90%以上，一跃成为当地最大海鲜酒店，并被济南市物价局评为"特一级店"。

从1998年开始，张永舵先后把净雅的触角伸到了济南、文登、泰安等城市，相继办起了以"净雅"为招牌的酒店，使"净雅"成了一个跨地域的大型餐饮连锁店。济南净雅大酒店开业两年后，2000年8月，山东净雅大酒店又在济南山大路上红火开张，开业当天，酒店内600多个座位座无虚席。2003年7月，净雅养生苑再度开张，仅营业4个月就成为山东省酒楼中第一家获得"国家特级酒家"荣誉的酒家。

进京：打造"京城美食头等舱"

　　张永舵带着他的净雅新鲁菜雄踞齐鲁后，进军北京成为张永舵的必然选择："餐饮业想做驰名商标，不在北京出名就不算成功。"北京申奥成功，对北京经济和消费能力可持续性的判断，对北京高档餐饮需求和市场的深入调查，坚定了张永舵的决心。挺进北京，张永舵选择的方式是"用房地产的方式做餐饮"。产品定位高档海鲜，以胶东海鲜和家常菜为主，在保留净雅服务和管理模式的基础上，调整产品结构，打造一流的经营环境，"净雅计划营业收入10年要做到100亿元。"张永舵毫不掩饰他对净雅的梦想。

　　张永舵向北京迈出的第一步就一改租赁店铺的做法，连贷带借，斥资2亿元在京城繁华路段一口气买了三块地，其中一块地位于地价颇高的金宝街。当时，张永舵在威海、济南等地所有资产，不过1亿元左右。2亿元贷、借款，每个月仅利息就要过百万元。"当时，很多亲友都劝我北京第一家店先租赁，快速装修、开业，快速打开市场，快速让北京消费者认识净雅。假如我这么做，净雅就不叫净雅了。"张永舵说。

　　张永舵的想法是，从长期资产增值角度考虑，买比租更合算。此外，餐饮行业打广告获取的回报不大，主要仍靠口碑传播，如果店铺是租赁的，门店部分价值等于留给房东。为了在京城打响净雅品牌，必须拥有自己的物业。

　　2005年7月，紧临五棵松文化体育中心的长安街南侧，总建筑面积达15 000平方米的辉煌净雅盛大开业。随后2006年5月、10月，黄寺净雅、金宝街净雅又相继开业，在京城高档餐饮布局中，形成三足鼎立的强势。三家门店恢弘的设计出自名家之手，凭借独特

鲁菜系

　　山东菜简称鲁菜，有北方代表菜之称，是中国著名的八大菜系之一，也是黄河流域烹饪文化的代表，绝大多数人都认为，鲁菜是中国八大菜系之首。它对北京、天津、华北、东北地区烹调技术的发展影响很大。原料多选畜禽、海产、蔬菜，善用爆、熘、扒、烤、锅、拔丝、蜜汁等烹调方法，偏重于酱、葱、蒜调味，善用清汤、奶汤增鲜，口味咸鲜。

的海洋气息,极短时间便名震京城。

张永舵回忆,早在2003年春天他第一次与亚伯拉罕相遇时,就为日后净雅北京所有门店的设计风格定下了基调:体现海洋之魂文化,具有强烈震撼力!时年70岁但依旧敏锐的亚伯拉罕当即画出他对大海力量的理解:波涛汹涌的大海边上矗立的一块坚韧巨石。高调入驻,手笔惊人,这让几乎每年刷新一次"奢华"标准的京城高档餐饮界,见识到了新鲁菜巨头的"深不可测"。

号称"京城美食头等舱"的净雅大酒店随后成为众多北京人话题的焦点。某媒体人士茶余谈及净雅时这样说:"净雅进驻北京,对京城的餐饮企业,乃至整个行业都带来不小的冲击。首先是投资规模和气势,敢号称头等舱的企业自然不敢小看,三家店在一年的时间内全部开业,而且个个精品,效益也十分显著,筹备三年,整体投资超过8个亿,这可能在餐饮行业里绝对是少见的大手笔。其次,自从净雅这艘航空母舰开进北京,北京高档餐饮的竞争因素发生了一些本质的变化。据说在一年的时间内北京鲍鱼和鱼翅的销量下降了1/3,而净雅推崇的海参成为高端餐饮的主流。装修模式、服务模式也迅速成为业内争相模仿的典范。

职业经理人也以到净雅工作为荣,甚至把净雅当作了镀金的炼丹炉。再有就是净雅的培训很独特,被行业成为魔鬼式的培训,军训和企业文化洗脑只是训练的开始,不合格者根本上不了岗,所以在服务呈现上,净雅能够实现将'人性、人情等模糊、不好控制'的服务程序标准化也就不难理解了。这也是餐饮行业年

内能把服务大规模标准化并且能够复制的一个典范。"

借助京城三家门店的提升,净雅的企业规模完成了质变的过程:企业员工由最初的8人,一举增加到目前的3000多人;总资产由最初的1万元增加到现在的19亿元;总营业面积由最初的30平

方米发展到现在的9万多平方米。目前的净雅,已经享有了"京城美食头等舱"的美誉。同时,随着北京房地产价格上涨,如今,净雅在北京的三块地价值早已翻了几倍,时间最终证明了张永舵的正确选择。

大象无形,大雅"至诚"

2002年9月9日,一向不爱抛头露面的张永舵登上"鲁粤浙苏民营经济南北论坛"的讲坛,做了题为《思维方式决定企业命运》的发言,从而破解了净雅发展之谜。

张永舵非常尊崇中华民族的传统文化,儒、释、道,无不涉猎,《论语》和《道德经》曾研读过多遍。他说,《论语》教会了自己如何做人,培育了自己勇于进取、刚健有为的人生追求;《道德经》教会了自己如何做事,帮助自己确立了企业发展的大局观。他把老子的一句话作为自己的座右铭:天下万物生于有,有生于无。他认为无形的东西比有形的东西更为重要。从经营酒店的第一天起,他便苦苦探寻虽无形却极为重要的"经营真谛",探寻能让事业从成功走向成功的"净雅理念"。他说,大象无形,对于开酒店而言,大雅就在于"至真至诚"。

从1998年开始，张永舵先后把净雅的触角伸到了济南、文登、泰安等城市，相继办起了以"净雅"为招牌的酒店，使"净雅"成了一个跨地域的大型餐饮连锁店。"烹小鲜若治大国"，走一处火一方表面上看是净雅在经营海鲜等菜品上独具特色，而更深层次的原因是张永舵"至真至诚"的"净雅理念"获得了成功。

"真"与"诚"是张永舵的"净雅理念"最核心的东西，他常常告诫自己的职员：为商者，只有诚信最留人。净雅经营的是服务，而只有最真诚的服务才最有价值。因此，无论是艰难的创业初期，还是如今的兴隆红火，净雅从未背离诚信一步，从未赚过一分不诚信的钱。

在管理方式上，崇尚"真诚"，高管经常被要求进行自我批评、自我否定，外来高管很难适应这种管理方式。依据公平、公正的原则，给员工提供了晋升的机会，人员稳定率高，为构建和谐社会作出了重要的贡献。2006年1月，净雅集团获得了"2005年度CCTV中国年度最佳雇主山东十佳"的荣誉称号。2008年5月12日四川汶川大地震发生后，净雅作为一个民营企业积极捐款达180多万，为国家，为社会献出自己的一份责任和力量。

对"诚"字，张永舵有自己独到的解释："言"字加一个成功的"成"字。就是要让说出的承诺，付诸实施，见到成效，进而取得成功。一次，厨师料理清蒸鲍鱼的时候，火候有点大，正巧被检查工作的张永舵发现了。张永舵要求厨师重做一份。厨师一听急了："这道菜光成本就有

中式海洋餐饮

净雅在菜品上精雕细琢，严格把好原料和制作关，倡导以"健康、绿色、营养"为主旋律的餐饮风尚，强力打造"中式海洋餐饮"。活海鲜均来自黄海，黄海水域纯净，海产品的品质目前在国内首屈一指；大量采用有机蔬菜，为食客的健康着想；所有菜品均采用山茶油烹制。

400多元，一桌饭还挣不上400块钱。"而张永舵却说："400元钱，我们得罪的不是一个客户，而是毁了净雅的声誉。"

张永舵经常这样说："服务不仅仅是令客人满意，而且是与客人的期望赛跑。"在净雅就餐，不设最低消费线；客人可以自带酒水；没有客人提议不推荐酒水和香烟；菜点过量，服务员会主动向你提示；就餐完毕，服务员会主动为你打包。正是这些细小的方方面面，让每位就餐者都会感受到净雅服务的真诚。

烹小鲜若治大国

"烹小鲜若治大国。"这句话出自净雅集团的创始人张永舵之口。正是凭着这种理念，使得净雅蒸蒸日上。净雅给每一名员工提供公平竞争的机会和施展才华的舞台，公司每年都要从服务员中选拔管理人才。坚持"文化管人，文化育人，文化留人"，是"净雅理念"的重要内容。净雅建立了极为严格的员工培训机制，每年要花费100多万元为新员工进行全封闭训练和在岗培训，既培训业务技能又灌输企业文化。在培养员工技能的同时注重员工素质的提升，是净雅用人之道的不变原则。

成功的企业家需要承担责任，成功的餐饮企业也需要承担社会责任。净雅在发展过程中，为山东、北京当地居民提供了大量的就业机会，吸纳员工三个多人，并且与当地政府联络合作，先后吸收了近300名下岗职工，得到当地政府的广泛认可和支持。净雅为每一名员工提供了培训、学习、选拔的良好平台和优厚的生活、工作环境，提供了稳定的待遇，并为员工购买了各种保险，福利待遇明显高过同行业平均水平。

精于制汤，注重用汤

鲁菜以汤为百鲜之源，讲究"清汤"、"奶汤"的调制，清浊分明，取其清鲜。清汤的制法，早在《齐民要术》中已有记载。用"清汤"和"奶汤"制作的菜品繁多，名菜就有"清汤柳叶燕窝"、"清汤全家福"、"氽芙蓉黄管"、"奶汤蒲菜"、"奶汤八宝布袋鸡"、"汤爆双脆"等数十种之多，其中多被列为高档宴席的珍馐美味。

企业的竞争在于企业家思想的竞争。企业家只有永远保持着旺盛的激情和斗志,不断瞄准新的目标,企业才能越过一个个高点,与时俱进。净雅挺进省城,争锋京华,目标不断调高:威海第一,山东第一,京城第一……而今,张永舵又瞄上了中华餐饮第一品牌的位置。这印证着一个道理:追求的目标越高,动力就越大,成就大事业的可能性越大,未来越辉煌!

第三节　净雅集团

集团简介

净雅食品股份有限公司创立于1988年10月18日,是一家以经营胶东活海鲜为主体的大型高端餐饮企业,总部位于北京,24年前,净雅只是威海一个主营牛肉包子的小饭店。24年中,净雅依托故土,扛起振兴新鲁菜大旗,携卓尔不群的净雅海鲜菜和航海文化,挺进省城,争锋京华。今日净雅,已是国内屈指可数的大型跨区域餐饮集团。现已成为拥有"净雅餐饮"、"阳光海岸自助百汇"两大餐饮品牌,遍布北京、济南、青岛、沈阳、郑州、长春、威海、临沂等区域的国家特级酒家、中国驰名商标,正全力进军中国餐饮第一品牌。

净雅食品集团凭借在菜品、服务、环境、管理等经营模式的雄厚实力和坚实基础,在山东、北京等餐饮密集区域日趋激烈的市场竞争中稳步前行,各项经营指标较上年都有大幅提升,经济指标年增长率连年保持在6%以上。

企业文化

净雅自1995年开始系统进行企业文化建设,经过这些年的实践,今天的净雅人已深刻认识到文化管理就是素质管理、标准管理、信仰管理、意识管理、真善美管理……

净雅建立了适合企业的文化体系:净雅在威海投巨资设立人才培训中心对员工进行岗前培训。净雅培训中心采用全封闭、军事化管理的模式,对员工进行企业文化、个人素质与技能等方面的培训,进而统一思想,强化标准。

净雅核心价值观:幸福快乐与奉献同在

即先有付出,而后才有所得;任何幸福快乐的所得,都伴随着痛苦。用长远眼光看待付出和所得,天上不会掉馅饼,世上没有免费的午餐。要想得到,必先付出;要想得到幸福和快乐,必须享受付出过程中的快乐。净雅企业灵魂:用企业行为实践真善美,执著与坚持。自1988年创业至今,净雅始终执著于餐饮探索,坚持于文化管理。净雅从最初的艰苦创业发展到现在的宏大规模,与其对"真善美"的执著追求,有着难以割舍的渊源情愫,这种坚持已经深入到净雅骨髓,渗透在每一件事、每一个人身上,成为一种升华至灵魂的内在精神力量,支持净雅人的每一步尝试、分享净雅人的每一次成功。"为顾客创造价值"是净雅服务最核心的内容。为打造中华民族餐饮品牌的目标,让净雅永远充满着无限的动力。

第十三章　平民创业英雄

　　他,中等个子,不胖不瘦,一脸笑容,言谈举止中透露出几分直爽与自信;他,怀揣打工8年挣来的1600元钱回家创业,先后创办了怀化亲亲大自然生物产品开发有限公司、怀化新民生态养殖有限公司、背篓人家餐饮连锁有限公司等企业,用自己的勤劳与智慧书写了一个农村青年创业的传奇;他,就是被称为"平民创业英雄"的背篓人家餐饮连锁有限公司董事长张松。

第一节　走近人物

个人简介

　　张松,男,汉族,1976年生,湖南怀化鹤城区人。现为亲亲大自然创始人、怀化市新民生态养殖有限公司董事长、怀化背篓人家连锁餐饮总经理。

人物履历

　　1994年,张松高中毕业因家境贫寒外出打工,期间自学汉语言文学,并发表诗文20多篇(首)。在外打工8年,张松先后创业8次失败。

　　2002年11月,张松在经历8次创业失败后带着打工多年攒下来的1600

元钱回到家乡,在没有技术,不通电话,没通车的情况下,利用山上的野花野草自己钻研花草技术再次创业。

2004年,张松先后解决了花草发霉变色等难题,首创了真花真草花艺艺术,开创了一个崭新的行业。

2005年,积累了20万元的财富后,张松开始进军农业,现在已经有一个生态养殖有限公司。

2007年,在妻子的支持下,他把赚来的钱全部拿来投资,在中方荆坪建立了一个占地100多亩,集养猪、养鱼、养鸡、无公害蔬菜于一体的生态农庄。把依然还在迷茫中打工的邱天文、王立青、龙仁忠等伙伴,从沿海城市拉了过来,主动为他们创造学习平台,使他们迅速成为种养的行家里手,如今已成为新民养殖场两大骨干之一的邱天文,总结出了"旱鸭养鸡"法,成为年纯利近两百万的养殖重要股东之一。邱天文跟朋友聊天时常说,如果当初没有张松的邀请,他可能至今还是一个打工仔。

2009年,张松进军餐饮行业,成立背篓人家餐饮连锁公司。全面开拓市场以来,在极其艰难的环境下,不放弃、不抛弃,带领农民兄弟奋勇创业的事迹,经媒体报道后感动了成千上万的人们,被誉为"平民创业英雄"。背篓人家立足湘西本土文化,以餐厅为窗口和渠道,向全国积极传播湘西民俗文化和输出特色餐饮原材料,被怀化市委办公室授予"乡土拔尖人才"称号,被评为2009年度怀化市十大新闻人物暨湖南省富民强省新闻人物,并登上CCTV-2《对话》栏目,与省长及名家共谈农民兄弟创业话题。

苗乡美酒

起源于西汉年间,历代秘密祖传,具有2000年的酿造历史。酒体醇和,香味浓郁,爽口绵甜,回味悠长,养身养颜,有养身系列、保健系列、养颜美容系列、果酒系列……专有苗乡美酒,古色古香,价格实惠,老百姓容易接受,利润高,无竞争。

第二节　艰难曲折的创业历程

不安分的打工仔

张松出生在鹤城区与辰溪交界的一个穷山村——山方垴。因10岁的时候偷了家里10元钱当1毛钱买糖吃,他成了长辈眼中的笨小孩。1994年,张松高中毕业,心里憋着一股子劲,踏上了打工寻梦的征程。未曾想,这一步迈出去,却是一路辛酸。

南下广东以后,因为没什么手艺,身体也瘦弱,张松很长时间找不到工作,后来还是在老乡的介绍下才进了一家五金厂做焊工,焊接灯管支架。工厂每月只发一对手套,不到两天就被铁皮划得稀烂,手也到处是伤口。

超强的劳动和长期饥一餐饱一顿,张松患上了咽喉炎、肠胃炎、腰肌劳损等疾病。屋漏偏逢连夜雨,此时相恋二年的女友因不满张松的现状又离他而去。病痛的折磨、爱情的伤痛以及前途的迷茫,让张松体味到绝望的滋味,他开始抽烟喝酒,甚至迷上了赌博,以此麻醉自己。

然而每到夜深人静,张松的脑海中总会浮现出一幅幅让他揪心的画面:由于自己内向和懦弱经常被人欺负,母亲跟着受气流泪;读初中时母亲常常半夜起床为自己热饭炒菜;为供两兄弟读书,多病的父亲顶着烈日在田头挥汗如雨……张松常常彻夜难眠。

然而张松是一个"不安分"的打工仔,他先后在佛山、南海等地的电子厂、家具厂、服装厂打过工。1998年,VCD行业在广东非常火爆,而张松发现在他的老家湖南怀化,VCD市

背篓文化

背不离篓土家族运输习俗。土家人多居山区,习惯于背负。常用的背负工具是背篓,用于背粮、背柴、背鸡、背猪,甚至背小孩。当地有"篓不离背,背不离篓"之谣谚。背篓因用途不同而造型各异,有抛背、密背、凉背,皆用竹篾编制而成。

场则是刚刚兴起，于是他利用自己打工积累和从亲戚朋友那里凑来的两万元去广东白云家电市场批发一批VCD碟机回家卖。

当时每卖一台VCD碟机的利润率高达50%，两万元很快就变成了四万元。于是他接着把四万元拿来进货，结果由于第二批货有很多次品，而且进货时没有索要相关证件，厂家拒绝退货，百余台的VCD就这样砸在自己手里，还欠下1万多元的债务。无奈之下，他又跑回广东继续打工。

2000年，张松强迫自己戒掉烟酒，并开始用文笔医治内心的伤痛。正如他在文章中所说："总有一天我会离开这个世界，但只要活着，我就会好好活下去！

2001年，张松又重新燃起了创业激情，这期间他卖过桂花香坠，代理过"学生宝"、"助视宝"等电子产品销售，然而由于轻信广告，这些邮寄过来的产品质量无保障，根本无人问津，最终以失败告终，同时因为做生意而丢掉了厂里的工作。前前后后8次创业失败的经历让张松感到绝望，他又一次站在了人生的十字路口，这跟6年前他带两百元出来的时候相比，仿佛一切又回到了起点。

"我是长子，家里的担子我应该扛起来，不能再这样四处奔波、蹉跎岁月了。"2002年11月，还清了生意上的欠款之后，张松怀揣着打工几年的积蓄——1600元钱，踏上了回家的路。

"拈花惹草"赚来第一桶金

回到家乡，面对着四周绵绵的高山，出路在哪？张松感到迷茫。

一天，百无聊赖中张松随手翻看以前的书本，看到一张几年前自己在佛山买的用植物做成的书签，他的脑海中闪现出灵感。张松想，一片小树叶能卖几元钱，自己的家乡做这种书签的材料到处都是，把野花野草加工

成工艺品，变废为宝，兴许就是一条生财之路。

张松喜出望外，开始白天奔波于山间田野，采撷花草、捕捉蝴蝶，夜里钻研工艺制作技术。功夫不负有心人，他制作的第一批生物工艺品受到学生和年轻人的追捧，张松挑着这批色彩鲜艳造型别致的产品在怀化城内走街串巷，短短一周内就被抢购一空。

地域优势

湘西千年神秘的地域文化及少数民族风情，吸引了无数人对湘西的热爱、好奇与向往。"背篓人家"创始人张松兄弟是地地道道的湘西农村青年，坐拥湘西大山，植根湘西农村，享有先天的湘西血液，能更好的把握和传播湘西的文化和湘西的神秘与风情。中国乡土文学之父沈从文的著作和民歌皇后宋祖英的《小背篓》都使得背篓人家占尽了天机、地利和人和。

2003年7月，凤凰一位工艺品商店老板向张松订购1200元钱的产品，这是张松开张以来接到的最大一笔生意，而且时间很紧。张松加班加点赶制作品，不料采集来的原料却在这关口长霉不能用了，第一笔大生意就这样泡了汤，张松沮丧不已。经过反复研究，他发现问题出在原料水分不能充分干燥上。为解决这个问题，张松绞尽脑汁，用火烤、用熨斗烫，效果都不好。直到有一天，他从城里一家面包房经过时得到启发，何不用烘烤机解决花草干燥的问题？

消灭了技术上的拦路虎，张松的工艺品制作事业迎来发展的春天。2004年8月，一位在凤凰旅游的深圳客户看到张松的产品，专门来到怀化，订下5000元钱的货。随后，张松又相继开发出叶脉工艺品、蝴蝶昆虫工艺品、五谷字画工艺品等系列产品，产品不仅走出了湖南，走向了全国，还远销欧美、日本等国。

期间，张松注册成立了怀化亲亲大自然生物产品开发有限公司。曾经被认为没出息的笨孩子，此刻

却成为村里第一个拥有自己公司的老板。

抢抓机遇办农庄

2005年,全国的生猪跌到了前所未有的低价,很多养殖户欲哭无泪,大量屠宰母猪。此时的张松已富有商业头脑,"都把猪宰了,去哪里买肉吃?"这个现实的问题在脑海中闪过,让张松意识到里面潜藏的商机。在全家异口同声的反对声中,张松逆市而上,分出部分资金和精力,在中方县荆坪村租了150亩地,建起了猪舍、鱼塘、种上了果蔬,创办起自己的第二个实体——怀化新民生态养殖有限公司。

张松请来了对养殖技术颇有研究的弟弟张中权,两人一起琢磨出一套"家庭生态链养猪"法:利用猪粪养蛆——蝇蛆粪养蚯蚓——蝇蛆蚯蚓养猪,整个养殖

> **中国八大菜系**
> 浙菜、苏菜、湘菜、川菜、闽菜、粤菜、徽菜、鲁菜。

过程变废为宝,循环利用,减少了饲养成本和疾病,增强了企业的抗风险能力。

2006、2007年,不出张松所料,全国猪肉价格开始猛涨,张松的农庄赚得盆满钵满。到2009年上半年猪肉价格再次大幅度下跌时,很多养殖户无钱可赚甚至大亏,而张松凭借独到的饲养技术,每头猪仍能赚到80多元。

赚到了钱,张松没有贪图享乐,而是把资金全部拿来扩大生产,先后建起了黄鳝泥鳅水产养殖,土鸡,虫子鸡养殖,还开发了果园、农家乐等产业。如今,张松的新民生态农庄已是果木飘香,生机勃勃。

随着事业的做大,张松成为远近闻名的名人,全国各地慕名而来的求技者络绎不绝。对于这些与自己有着相同梦想的人,张松总是笑脸相迎,他要求员工:"凡是想通过自己双手养殖致富的人,只要他来到新民,有钱你们要教,没钱你们也要教,而且一定要教会。"3年来,张松培训农村种养能手上千人次,带动了一大批农民致富。张松说他从不担心别人学了技术会对自己形成竞争压力,因为农村天地大有作为,农业市场无限广阔。

"爱心餐馆"生意旺

2008年，一场席卷全球危机突然来临，沿海不少工厂关门倒闭，一些在沿海打工的农民工不得不返乡回家。张松老家一次就有十几个老乡无奈地归来。看着回家无事可做的乡亲，经过了解，张松得知这批返乡的乡亲中有好些人在沿海从事过餐饮行业的工作，"何不把他们的手艺利用起来开一家餐馆"？说干就干，2008年下半年，古色古香的"背篓人家"饭庄在怀化市铁北区开业迎客，张松为此投入30万元，用的是他为自家准备的购房款。而张松一家至今仍住在怀化城里一套不大的出租屋里。张松一咬牙，把原来打算买房的几十万元钱开了一家"背篓人家"餐厅，终于使返乡的20多位农民工在家乡重新创业。

"背篓人家"20多名员工基本都是从沿海打工回来的乡亲，人们中有的当过厨师，有的搞过餐饮管理和服务，熟门熟路，加上务实的经营理念，开业至今生意一直红火。张松笑言："餐馆交给他们打理我一百个放心。"餐馆的员工也纷纷表示，要加倍珍惜这份得之不易的工作，为张总的事业出一把力。据了解，张松的三家企业目前共吸纳返乡农民工100多人。眼下，农庄日现规模，餐馆生意兴隆，张松对自己的事业又有了新的规划：充分利用农庄的资源，做大餐饮企业，有朝一日，把"背篓人家"连锁店开遍大江南北！

> ### 地方特色
>
> 湘西菜擅长香酸辣，具有浓郁的山乡风味。湘菜历史悠久，早在汉朝就已经形成菜系，烹调技艺已有相当高的水平。湖南地处我国中南地区，气候温暖，雨量充沛，自然条件优越。湘西多山，盛产笋、蕈和山珍野味；湘东南为丘陵和盆地，家牧副渔发达；湘北是著名的洞庭湖平原，素称"鱼米之乡"。在《史记》中曾记载了楚地"地势饶食，无饥馑之患"。

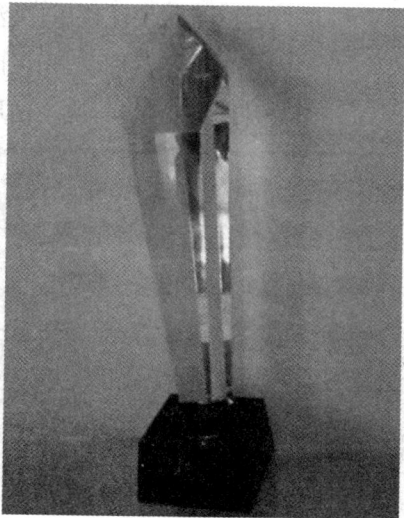

草根神话

湘菜的烹调方法

在热烹、冷制、甜调三大类烹调技法中，每类技法少则几种，多的有几十种。相对而言，湘菜的煨功夫更胜一筹，几乎达到炉火纯青的地步。煨，在色泽变化上可分为红煨、白煨，在调味方面有清汤煨、浓汤煨和奶汤煨。小火慢炖，原汁原味。有的菜晶莹醇厚，有的菜汁纯滋养，有的菜软糯浓郁，有的菜酥烂鲜香，许多煨出来的菜肴，成为湘菜中的名馔佳品。

2010年中旬，因种种原因，背篓人家西都银座直营店停业了。80多万元打了水漂，这对于张松及几个合作伙伴无疑是一个沉重的打击。店子关门停业，选装新店至少要几个月，这30多位员工怎么办？张松顶着经济和困境的双重压力，不放弃、不抛弃，对员工们承诺，只要愿意在新开业的背篓人家继续工作，新店面装修期间，不上班照常发放工资，使正在为失去工作而着急的服务人员大大舒了一气。

随着事业的发展，张松更加致力于对社会公益事业的关注。2009年，张松多次自掏路费到各地为农民工和大学生做技能培训演讲。在怀化学院，张松以自身创业为实例，激励大学生积极创业，教大家如何规避创业风险，受到大学生追捧，表示向张松这位"平民创业英雄"学习，坚守创业本分，积极为个人、为社会、为国家创造更大价值。

"关注生活，关注快乐，关注下一代的健康成长"。张松把这句话当成背篓人家餐饮经营理念，积极向社会传播健康、安全、营养的饮食理念，第一个公开向社会承诺：决不使用任何有害身体健康的添加剂，决不使用标示不明、商标不规范的物品和原料。张松不仅在身体素质上关注年轻一代，还关注维系怀化年轻一代的身心健康，多次掏钱支持怀化市一中、二中学子们创办健康有趣的刊物和组织益智性活动。

张松良好的道德风范行

背篓人家

为,为他吸引了更多志同道合的有为人士,如今,张松打造的背篓人家餐饮帝国拥有了新民生态养殖公司,背篓人家餐饮连锁公司,尚居福装饰公司,新民技术培训学校等。自2010年4月以来,公司呈梯状跳跃式高速发展,在全国十多个省市扎根经营,为近千人提供了就业岗位,较好地促进了怀化的经济、文化发展。

第三节　张松与他的背篓人家

品牌简介

　　背篓人家在湘西大地已有近300年的历史。民国至解放年间,湘西连年战乱,匪患不断,背篓人家也在匪患和战乱中关门。然而背篓人家祖传菜肴却没有流失,张氏几代传人一直在农村以乡土厨师谋生,厨艺也一代比一代更精湛。

　　2008年由美国次贷危机引发的金融危机席卷全球,为解决家乡返乡农民工就业,湘西怀化农村青年张松把自己准备买房的钱拿来开设了一家餐厅,张松遂将饭店取名"背篓人家",张氏厨艺第八代传人张斌担任背篓人家厨师长。

　　背篓人家的装修以"湘西、乡村、乡土;环保、健康、舒适"为理念,原汁原味的湘西乡土装修,充分展示了湘西大地的民风民俗和别样风情,赢得了顾客的好评。

经营理念

　　背篓人家环境幽雅,价格实惠。消费人群主要以大众消费、朋友集会、家庭会餐为主,以商务洽谈、中型酒宴为辅,以"关注生活,关注快乐,

关注下一代的健康与成长"为经营理念。

背篓人家的主要原材料均取之湘西大山和背篓人家自己的原料加工坊，产品生态、安全、口味佳。以"湘西少数民族菜、民间菜和乡土菜"为依托，根植于底蕴丰厚的民族文化和饮食。其"营养、绿色、土滋味"的饮食理念令顾客

湖南"吃"的社会意义

首先在人们的婚嫁丧娶这类大事中，总是以吃作为其重要内容。结婚称"吃喜酒"；死了人，俗称"吃肉"；添了人口，一定要吃"满月"；过生日，则要吃荷包蛋，吃"寿面"。

其次，"吃"也是人们重要的社交手段之一，朋友、熟人见面，第一句问候常是："吃了饭吗？"去朋友家做客，能够吃到10样或12样菜，就意味着受到了主人最热情的款待。

怦然心动，推出的背篓人家四宝：稻香锅巴鸭、稻香田园鹅、乡村锅巴、苗乡美酒，让顾客拍手称赞。

背篓人家力争在"关注生活，关注快乐，关注下一代的健康与成长"的经营理念下，力争在"吃得开心，吃得快乐，吃得健康"的服务理念下，把背篓人家打造成"乡土菜的始祖"和"平民百姓的家庭厨房"，力争把背篓人家打造成"少数民族餐饮第一品牌"和"民族餐饮的名片"。